大展好書 好書大展

大展好書 好書大展

實用心理學講座

4

偽裝心理術

多湖輝／著
林振輝／譯

大展出版社有限公司

序言

許久以前，我參加一次心理測驗，受測者是四位有名的女性撞球運動者，由我提出問題讓她們回答。我問她們一個問題：「玩撞球的人都知道美國的約瑟小姐這個人，請問約瑟小姐最盛名的時期，是戰前還是戰後？」

有三個人肯定的答「戰前」、「戰後」，只有一個很不好意思地說：「我不知道！」但她的答覆却是最正確的。

因為撞球界根本沒有約瑟小姐這個人，只是虛構的人物。當然這只是純遊戲而已，可是最容易叫人受騙的，是這個問題所隱藏的雙重結構陷阱。首先以「誰都知道」來消除對方的懷疑和否定心理。接者再讓對方僅能在A、B兩項任選其一。在些之前，已經把必須檢討的前題造成「已經檢討無誤」的錯覺，因此情勢變成非選擇A、B兩者之一不可的困境。

像這樣只稍刺激人類心理的弱點、盲點，人們卽輕易的受騙，任由對方操縱。社會上的詐欺犯，也就是能夠善用這些經過千錘百鍊的心理騙術，才使得經驗豐富的老手也受騙。

當然，有企圖地欺騙他人財物，或使他人受到傷害，是犯罪的行為。但以我個人觀察所得，所謂有能力的人，大都有意無意間運用這種心理技巧。例如最笨的老師就是對成績不好的學生警告：「不用功，沒出息啊！」這豈不是使學生的成績更差嗎？有能力的教師必然刺激學生的自尊心：「你用功的話，誰都贏不了你呀！」即使是謊話也能激起學生自發地用功。

有時候善意的謊言，還比實話更能協助他人成功。說人家「愈來愈有威嚴」，總比直接說他已經衰老，來得更使人高興，也免得傷感情。

這種心理戰術在避免人際關係的磨擦，在保護自我免遭他人怨恨、嫉妒方面，實在是絕對必要的技巧。連親如父子，也免不了須應用此種方式。

社會上不乏故意傷害他人、破壞他人的惡人存在，為求識破惡人的邪術以保護自我，更是非讀本書不可。

目錄

第二章　使對方產生錯覺而聽命行事的心理戰術

第三章 令對方轉移目標遵循我們指示方向前進的心理戰術

第四章　使自己看來更巨大的心理戰術

第一章 擾亂對方使其自取滅亡的心理戰術

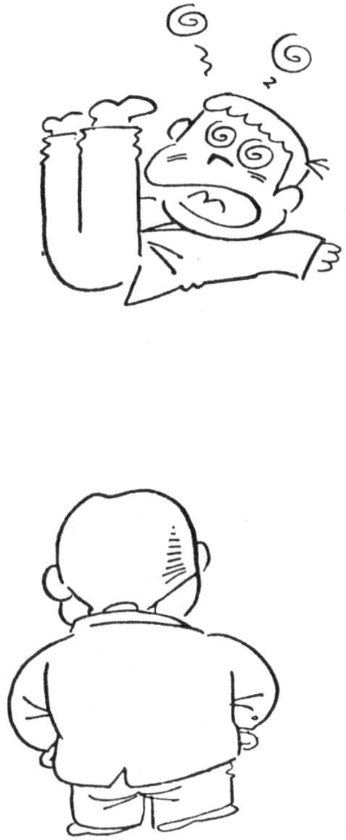

1. 使憎惡者墮落的心理戰術

心理學說中，有所謂「沉默的強化」之學說。例如把數十個兒童區分成三組，每組又劃分成兩個小組。然後令這三組做同樣的作業，第一組方面，只強烈地讚賞A小組的兒童，第二組則故意強烈地責罵B小組的兒童，第三組的A、B兩小組則不罵也不誇獎，任其自然。

實驗之後，調查這三組的作業成績，發現在旁觀察第一組被誇獎的A小組之B小組，和看著被責罵的第二組之A小組，這兩個時刻注意別人的小組，其成績比其他任何小組都優秀。

人類看到自己的同伴被誇獎（明確之正的強化）時，等於是自己間接的受到責罵（沉默之負的強化）；同樣的，看到自己的同伴受責罵（明確之負的強化），就等於感受到自己間接地受誇獎（沉默之正的強化）。其中感受正的強化者，情緒較爲高昂，感受負的強化者，情緒則較爲低落，並如實地表現於作業成績上。

對自己所討厭憎惡的傢伙，若想給予精神上的沉重負擔，最好的手段，就是徹底的利用這種「負的強化」戰術。例如在他面前，無所不用其極地誇獎他的「敵手」。如此一來他必感到自己飽受貶毀，情緒上即墮落有加；再加上我們並非「直接地」損貶對方，所以可以減少「受怨」的顧慮。

我有個在某大公司任職管理部門主管的朋友，就是運用這種「沉默的強化」，而巧妙的操縱著手下。假設他有個非常自信的手下，這種自信十足、滿懷傲氣的人物，其工作的努力非常卓越，但在人際關係方面却非常容易與人摩擦。這個時候，他故意無視於這個手下的存在，並在他（手下）面前，極力地讚賞其他手下。這位手下開始認爲：「上司是否不賞識我的能力呢？」並因此而逐漸收斂驕傲的態度。

直接面對地斥責（明確之負的強化），雖可收「當場」的效果，但是運用間接的注意手段（沉默之負的強化），對此等傲氣十足的人物，却可收立竿見影之效，同時更可維持一段長時間的效果。同樣的道理，對散失自信心，而且情緒低落的職員，則採取相反的方式。也就是在怯懦的手下面前，斥責才氣縱橫的手下。這比面對面鼓勵他：「你的能力不只如此，應該再加油啊！」來得更具千百倍的效果。

※在對方面前誇獎他人，可使自己在不受怨恨的狀況下，達到打擊對方的目的。

2.使對方產生本能恐懼而改變態度的心理戰術

詢問矢口否認罪行的犯人之刑警，有時候火得捏拳猛敲桌子；或者是把嫌犯的座椅一腳踢翻，在忍無可忍的狀況下，說不定先抓起來揍一頓再說。如此一來，原本一問三不知的嫌犯開始面露懼色，一五一十地坦承不諱。

在洋片裏頭，經常出現暴徒們爲擴張勢力範圍，或收取「保護費」，而威脅店家，若店家稍有不從，動輒摔椅子翻桌子，或將整個酒店搗個稀爛的鏡頭。

類似的例子，雖並無直接對人身施暴，但却令對方產生「下一步不曉得會幹出什麼事」的恐懼感。雖並無訴之於直接的暴力，但却足使對方產生暴力行爲的「預期不安」，並了解到「若再保持目前的態度，則危在眉睫」。

地痞流氓的行爲和其所用的暴力手段，正因爲是訴之於人類最原始的自我保護欲求，所以其效果也特大。平常表現出一副勇敢的豪俠之狀的男子，一旦在火車上或其他場合，遭遇到酩酊大醉的流氓人物時，無論對方如何無理取鬧，也只能唯唯諾諾地賠笑，此種實例屢見不鮮。

雖然人類在內心裏都輕視此種暴力行爲，可是一旦自己面臨此種暴力的威脅時，却毫無反擊之力。所以，在談話或道理講不通的場合，往往運用此種脅迫的力學，能使局面爲之改觀。歐美許多政治家、經營者們，早已將此種脅迫手段，當成常識性的方式而運用自如呢！赫魯雪夫在與甘迺廸總統一對一談話時，用力地把刀子插在桌上的軼事至今仍爲人們所津津樂道。

當然，一般人大概不至於像赫魯雪夫那種土流氓作風。但是對付那些叫人火冒三丈，或把人當傻瓜看待的對手而言，偶而運用唬人的手段，倒不失爲迅速解決問題的方式。有些人在交涉無法順利進展時，隨意抓起桌上的東西亂甩，或在電話中猛烈地責罵手下等等，也就是故意發脾氣給對方看。雖然不至於觸及對方的「所有物」，但却正在顯示：「我現在可是火冒三丈，我的怒火的能源正處於將爆發的瞬間！」也就是一種威脅手段，讓第三者眼見這種脅迫氣勢，然後再度以「現在應該是決定的時候吧？」的眼光逼視對方，任誰都不由然地在那瞬間心生胆怯，而立即改變自己的態度。

※利用火冒三丈即將臨及對方身上的恐懼感，必能打破僵局。

3. 動搖對方心理使其跟隨步調的心理戰術

在警察的調查手法中，常組合硬軟兩類型的警官，軟硬兼施之下，動搖嫌犯堅硬的否認態度，進而達到破案的目的。所謂善於交涉的外國政治家、外交官的常套手段，是在議桌上猛敲桌子，激烈談論，但在休息時間却又親切地與對方交談。前美國總統卡特的回憶錄中，也寫著俄共書記長布里滋淖夫在與卡特激論之後，却又以充滿人情味的態度親切地關懷卡特病弱的身體。

交互地使用威嚇的態度和容許的態度，足使通常顯示一定流向的心理，產生大幅度的震波。而處於此種不安定狀態下的心理頻率，很快的就會完全地朝對方意圖的方向而合流。想使對方配合己方的步調行動，唯有運用此種機構學（MACHANISM）。

因一連串的意外倒楣事件，而終於喪失大百貨公司董事長寶座的A先生，可說是擅用此種軟硬兼施手段的高手。雖然身居那麼一個龐大公司的頂尖高位，但要使公司的業務一如自己希望的方向前進，非有兩把刷子不可，否則無法領導。即使連公司內最高決定機關的董事會議，也完全巧妙受到A先生的操縱。

這位A先生在商場上以兇悍聞名，雖然有許多員工懼於他的兇悍，然而爲什麼凡事却都又照著A先生的意思去做呢?其公司內某位負責公共關係的幹部，日後曾告訴我，他說：「說起來實在很糗，在跟董事長報告的場合，若是稍反對他的決意，他必定以兇悍的態度破口大罵，無論是非善惡，在他壓倒性的斥責下，誰都無法反駁！」有個職員更是自我解嘲地說：「反正不管在什麼時代，嗓門大的人跟強迫型的人物，總是掌握著主導權嘛！」

但如果一味以專制蠻橫的態度處世，任何人都不可能爬到那麼高的地位吧！另一方面，他却又以親切寬容的態度對待自己的支持者，保證移來的地位。像小貓地呢喃般，把手下職員最著迷的人事權，若隱若現地擺在面前搖動著。在蠻橫兇悍的強迫態度背後，又誘之以親切和藹的言語，因此他才能夠如斯地縱橫天下而無往不利！

※在對方面前表現嚴厲的態度後，又強調親切感，則必可引導對方的步調。

4. 給予曖昧模糊的情報而迷惑對方的心理戰術

如果留心那些被認爲神機妙算的名相士，我相信您必可發現，那些相士大都巧妙地運用曖昧的詞句。大多數的男士在聽到：「你有桃花之災」的時候，必都大吃一驚。到底是在說我昨晚去風流的事呢？還是在說家裏那個成天埋怨我不會賺錢的悍妻呢？自己內心裏有鬼，所以，若識相不準才怪呢！又如「你跟水有緣」，如此一來使船員、水電工，或甚至於從事賣水生意（綠燈戶）的人們，陷於職業性的錯覺之中。也有人想起受颱風水災肆虐的故鄉；也有人認爲是在指自己正在游泳訓練班上課的兒子。

老實說，這些相士們的生花妙嘴，只不過是給予對方曖昧模糊的情報，使對方「自行」將弦情報與個人的生活體驗「相提並論」。他們在瞬間能查知對方目前所處的狀況或煩惱，並提出適當的「忠告」。較笨的相士，可一心把目標放在解除對方的煩惱方面，卻反而使其增加不安和煩惱。

若是得到曖昧模糊的情報，人類易於在各種猜測之餘，陷於疑心暗鬼的心理壓力中，能否巧妙地誘導出此種曖昧不明的情報，在於其人是否爲高竿的相士。因此若想迷惑對方，只要給予曖昧模糊的情報，故意使對方陷於疑神疑鬼的心理狀態下就行了。

這是個千眞萬確的事實。很久以前，我有個以愛老婆出名的朋友，大概是鬼迷心竅或吃錯藥，卻在外頭與女人搞七捻三。事情發生後不久，他太太對他說：「你最近臉色好像不太好嘛！」

他開始懷疑，這到底是太太的無心之言，還是太太從他身上發現自己的體能狀態有異而說出的。就這樣變得疑神疑鬼而疲備不堪，最後終於與外頭的女人分手了。

當然並不知道是否他太太已發現他的不軌行爲，但是一句話的「情報」作用，足以迷惑對方，而約束先生的在外行動，則是不爭的事實。

若我那朋友不是自己在外頭有女人而作賊心虛，他可能會懷疑自己是否得了癌症，也許因之而在工作上遭致慘敗也說不定。

＊「你最近看來氣色很差」，這句話就足以使對方迷惑不堪。

5.使有才幹的對手能力衰退的心理戰術

有時候我也會享受一下與友人方城之戰的樂趣。痲將也是足以顯示各人平日所隱藏的本性之一種遊戲。在痲將桌上是觀察人性最有趣的場所之一，最明顯的是在輸牌的狀況下，特別易於執著於某一牌面，結果是越輸越慘。

以心理學而言，這是一種「衰退現象」。一旦欲望無法遂行，而導致失望的時候，人很容易顯示出兒童般的固執傾向，變成攻擊性的存在。結果因而更形惡劣，愈陷愈深。以兒童爲對象的實驗證實，首先對兒童實施智力測驗，接著再測驗更困難的題目，然後徹底的責罵兒童：「這怎麼行啊！連這個都不會還有什麼出息」，其後再實施與前次雷同的智力測驗，結果發現其成績竟比第一次更加退步。

由此可以證明，人類在喪志、引發失望的時候，能力也隨之暫時衰退。我相信每個公司的管理人員，無不「惡用」此種人類心理，以保全自己的地位。對可能危及自己生存的有才幹手下，或可能取代自己職位的手下，無所不用其極地賦予「非能力所及」以及最棘手的工作。而接受工作的人，當然會產生不滿：「爲什麼要我幹這種工作呢？」對該工作因之喪失幹勁。此種狀態持續日久之後，即使再有本事，才幹再卓絕的人，也習於「衰退狀態」，實際的能力也一落千丈。

自古以來，不乏被上司、主管打入冷官刻意疏遠，而致終身潦倒的人士，這些全都是狡猾的管理看驅使惡毒心理戰術下的可憐犧牲者。這樣的管理者，也常因此無意中剝奪了整個集團的活力。

相反地，擠身一國一城的主人、和有卓越領導才幹的人物，即使自己的上司故意交辦棘手的公務或故意做不合理的人事安排，也能以強韌的精神力和忍耐力克服困境，絕不使自己的能力稍有衰退，因此才得以名揚天下吧！

從人類的心理特性來看，比自己能力範圍所及稍高的工作，當其人覺得它「有辦法、沒辦法」的主觀猜測率各佔百分之五十的狀況，也正是最能激發衝勁的時候。若想使能力超群的競爭對手一轉而成「凡夫俗子」的話，只要完全避免給予能引發他「成功失敗各占一半比率」的棘手工作即可。

＊再有能力的對手，若交待棘手的工作給他，就足以使他的能力一落千丈。

6. 塑造惡劣形象徹底打擊對手的心理戰術

請各位想想看，爲什麼日本國旗當中的紅太陽看來特別鮮艷奪目呢？不錯，因爲以白色爲底，更襯托出紅色部份的顯眼。使紅色最顯明表現的方式有兩種：其一是不考慮底色部份，只使用最刺眼的鮮紅，其二是考慮底色的運用，以襯托紅色部份。

例如以洛克希德醜聞案而被迫下台的日本前首相田中角榮，給予世人的形象就是「金權政治

權利者專集

身穿花格式的西裝，以巨大化形象的服飾壓制對方。

以光源爲背景，較對方更立於心理上的優位

你是否也同樣受騙！

佯裝忘却對方的姓名，以
顯示自己的優越性。

以小惡隱大惡。

家」，就如同商品被貼上商標一般，永遠無法改變。而毫無留情地攻擊他的「金權本質」，就是屬於前者的著色方式。相對的，另一個首相三本武夫，則永遠把自己的「清廉形象」擺在面前，兩相比較之下，就愈顯示田中的「金權本質」，這就是屬於後者的著色法。一般而言，極端地表現對方的弱點，並貼上攻擊性的商標，是擾亂對方並使之自趨滅亡的最有效方式，但只有用此等方式，也未必能夠收到預期的輝煌效果。

要想最有效也運用「商標效果」，就需耀眼地強調敵手身上的「紅色」部份，偶爾也須強調我們自己身上的白色部份。世界上不乏將「政治資金」中飽私囊的政治家，而將公司的交際費拿來置產的人物更是俯拾皆是。攻擊此等人物，使其從寶座上失足掉下，則純粹高聲指責對手的過失，也常能收到效果。但是如果攻擊的一方，能夠在自己身上補貼與對手截然不同的「補色」商標（塑造形象）的話，就是使對方的紅色部份更加鮮明的心理技巧。

例如敵手的經理，以嚴苛做幌子而自鳴得意的話，無妨給對方來個「惡鬼經理」的商標。同時塑造自己的形象，讓周圍的人感受你是個「溫馨親切的經理」，如此，敵手的嚴苛和你的親切，即互爲補色關係，人數愈多就愈能顯示出兩者間巨大的差距。

本來，所謂的商標效果，是純粹強調、擴大某部份，使人產生全體皆爲紅色的錯覺之心理技巧。若要強調自己的年輕活力，只要找個老先生站在旁邊，保證效果非凡。

這種塑造形象（貼上商標）的對比效果，經常見諸於商業廣告上，各位無妨多加參考。社會上被貼上揮金如土、愛慕虛榮、浪費成癖的「悍妻」商標者，其丈夫大都是屬於老實純樸而又節儉的人物。因此才比實際上更襯托出妻子的浪費惡癖和愛好虛榮的形象。

※強調己身的親切，使強調敵手的嚴苛倍增效果。

7. 使討厭的對手知趣而退的心理戰術

我有個要好的公司老板，一旦覺得對方的說話索然無味時，就拿起報紙，以一副「毫無看頭」的神情看報。這就等於告訴對方，你的說話比索然無味的報紙上消息更令人乏味。如此一來大部份的人都會立刻告退。深知他有此怪癖的我從不中計，照樣說個不停。而他總是中途又把報紙丟開，注意聽我在「說些什麼？」我則反過頭來問他，「你現在到底是在想什麼？」不論他是個多偉大的經營者，利用看報紙來打斷對方的談話，也未免太過失禮了。

您若想停止對方的乏味談話，或使討厭的對手知趣而退的話，你都是使用什麼樣的方式呢？對方正滿腔熱心，滔滔不絕地猛說，不隨身附和幾句也說不過去，但是禮貌性地附和幾句之後，在這幾句客套話鼓勵之下，對方更乘勢以進，使得談話內容又臭又長無法收拾。因此你又是看錶、猛喝茶，又是東張西望，拚命地送出訊號告訴對方：「我實在已經不想再聽你說話啦！」。

若對手能察覺您的這種訊號，那眞是祖宗有德，謝天謝地但是對方却非要把所有的話全說完才肯離開，因此大部份人對您所送出的訊號，都是「視若無睹」。如此一來，您又開始翹起二郎腿幌個不停，來來去去已經上十幾趟厠所，別人還以爲您膀胱無力；或者突然想起重大事件般，急忙打電話給某人，逐漸表現出最露骨的拒絕態度。

此種做法與前述在客人正滔滔說個不停的節骨眼看報紙的經營者一般，同樣是極爲失禮的態度。其實，只要採取最平常的態度，但眼觀四方，毫不正視對方的眼睛，對方必知趣而退。談話時正視對方的眼睛，是社交上的禮貌，四目交接之時，兩人是「同格」的關係。避開視線即表示已打破彼此的同格關係了。單方破壞互相對等，了解默然關係後，另一方的心理開始動搖，並懷疑自己是否應該繼續說下去。若再加上漫不經心的答腔，很可能使對方意志消沉而就終止談話。

嚴格地說，談話途中看報紙、看手錶，也是逃避對方視線、拒絕答腔的手段。使用極爲平常的態度，遠比這種露骨的態度更易令對方受到重大的震撼。

※表現似乎莫關心對方的神情，惟不正眼視之，使對方知難而退。

8. 一言壓倒初識者的心理戰術

某職業棒球隊的著名教練，正當聲譽如日中天時，却突然萌生去意。但該隊所屬的企業公司老板，却極力地挽留，告訴他：「不用立刻就做決定，或許到禪寺去坐坐禪，仔細考慮之後再說好了！」同時介紹他到某禪寺去靜坐。他依言到該禪寺去，該寺住持見到他劈頭就大吼：「我最討厭棒球！」

因爲該住持說，傳統的東方技藝，例如柔道、華道、茶道、劍道等等，都有一個「道」字，現代的運動棒球却不見有何道。但如果該教練願意爲將來的棒球進盡心的話，他也願意提供禪寺指導坐禪。

就這麼一句話，使該教練打消了掛冠求去的念頭。並奉該住持爲終身的指導老師。該住持能夠在初見面的場合一舉「鎮壓」這位教練，完全歸功於第一句話。他一句「我最討厭棒球」，就等於完全否定終身以棒球爲職志的教練，也等於在告訴他：「我討厭你這個人」。初識者被對方這麼一說，心理上會有什麼樣的感受呢？

大多數人在先發制人的聲勢下，幾乎都會訝然吃驚，感到有強烈的壓迫感吧！然後心中疑問：「爲什麼呢？」「這是怎麼回事呢？」對於對方接下去的談話內容，懷抱強烈的關心和興趣，急欲一探究竟。如此很容易就落入對方的圈套之中了。

許多精幹、成功的推銷員，大都是巧妙地針對這種「意外效果」的人類心理弱點、盲點而推銷成功。例如面對應門而出的家庭主婦說道：「我實在不適合當個推銷員，但……」，先使對方感到訝異，並將之引入己身的步調中，結果推銷工作當然無往不利。

前些年我改建舊房子時，和拆房子工人同來的木匠，見面就對我說：「現在已經無法再蓋出這麼雄偉的宅第了，弄壞的話太可惜了！」當然他多少有點客套，不過他口中的「不能弄壞」，却使我完全信任他，對他的技術更絕對的信賴，當然也就放心地任由他們去處理了。他們見過千百棟房舍，對建築物的良莠當然比誰都了解，可是初會面時的一句話，却足以左右他人的情緒。

＊對初會面的人說：「我討厭你這種人」，完全否定其人的存在，達到心理上的壓倒性效果。

9. 躲避對方嚴厲追究的心理戰術

某位警察機關的資深刑警，曾在某雜誌上寫過，在詢問口供的時候，若是嫌犯滔滔不絕地大談與案件無關的瑣事的話，百分之八十可以斷定那傢伙就是犯人沒錯。又例如丈夫在外尋花問柳回來的「當天」，也常以不同往日的親密口吻和太太講話，或講些無聊的傻話等等。

可見，從一個人說話的節拍，是可以洞悉其深層心理的最重要關鍵。內心充滿不安或恐懼的時候，不知不覺間，常「快速度」地說話，或變得好辯，這是人類的自然心理。如此一來，可使人在無意中解消恐怖和不安的根源。也就是大量地提供與目前的恐怖或不安無關的話題，以轉移對方的關心，並努力不動搖自己的情緒。但是刻意的努力，却因過於膚淺，結果反倒使對方起疑，成爲對方「追究」的導引線，則也是屢見不鮮的實情。

國際名人中，最熟知這種人類心理法則，同時又能深思熟慮地對處者，前日本首相大平正芳是其中之一，他用的方式是「不表明內心，以免予對方可乘之機」。

無論在野黨議員如何地嚴詞追問，他總是反覆著「唔——呃——」而已，就像軟體動物般地悶不吭聲，逆來順受，結果却反而屢次找到話柄詰問對方。處在以支吾搪塞的方式絕無法解決的尖銳質問之下，像大平那種大笨牛式的慢吞吞的語氣，任何人都無法找出他內心動搖的弱點所在。即使要挑他的語病，像大平那種絕不說一句廢話的說話態度，誰都對他莫可奈何。

據說大平在親近的人士面前，絕不會如此地支吾其詞，說話非常爽快俐落。由此可見他對這種人類心理的盲點非常有心得，同時也意識性地運用「支吾其詞」來應對他人的詰問。所謂「禍從口出」，與其多嘴漏口風，倒不如以「唔、呃」式地欺瞞手段，更能保護自身的安全。

＊利用慢吞吞的語氣，使對方說話節拍崩潰，解除被追問的劣勢。

10. 誘發對方的錯誤使之自滅的心理戰術

某國際知名的將棋名人，在對局中，不是大聲地咳嗽，就是把手中的扇子搖得嘛里叭啦響，因此厭惡跟他對陣的棋士必定不少。當一個人把全副精神集中在決定勝負的下一棋之考慮時，耳邊卻出現此種令人厭煩的噪音，任何人都會怒從中來。當然如此的一位將棋名人，是依其實力而取勝的，另一方面來說，他的這種怪癖，是在誘發對方的失誤，並等待對方自取滅亡。

失望的感受增高以後，即轉成情緒性的頹喪，因此極易喪失理性，無法採取適切合理的對應之道以應付狀況的變化。在交涉的場合中，生氣的一方永遠是輸者，那麼多人討厭與前述的名人對棋，就是因爲在他的怪招之下，無法維持冷靜判斷力的緣故。

人類的理性和情緒，類似蹺蹺板，一方往上昇高，則另一方必然降低。某位採訪國際政治新聞的記者R氏，就是採用此種心理傾向，而在工作上改良好的效果。例如他在採訪美國政府中的高級官員時，他每次都故意引起對方發脾氣。盛怒對方，幾乎都因此拋棄從來覆蓋在臉上的官場假面具，不知不覺地說出眞心話。據說R氏運用這種手段，取得許多新聞記者所採訪不到的極機密情報。

我有個朋友則將之運用在麻將桌上，他不是把對方當成笨蛋，就是徹頭徹尾地認定對方是傻瓜。「跟你這種笨手笨腳的傢伙打牌，連我自己都亂了陣腳。」這種集中火力式的消遣，雖然是開玩笑，但也足以損傷對方的自尊心，情緒變得極不穩定，有的人甚至拿牌的手都抖個不停，此種狀況下，勝負如何早已分曉。盛怒的對手打出險牌，結果正中下懷，糊塗啦！可憐的犧牲者，因爲情緒高漲，而忽視了牌面，一味地固執於自己的意念，結果當然自取滅亡。

國際外交上的折衝，也常見到攻擊的一方毫不留情的謾罵侮辱有加，此種場合，受者只能充耳不聞或當成馬耳東風，否則只是徒然自掘墳墓而已。

※使對方憤怒失常，也是引發對方失誤的方式之一。

11. 制服強敵的心理戰術

以前日本鬧學潮的時候，我也免不了受偏激派學生連日的攻擊。那些衝到辦公室來破口大罵：「他媽的」、「你這混蛋」的學生們，全都是陌生面孔。也許是其他科系的學生，本系或我所教過的學生，沒有一個來找我麻煩。

所謂「沉默的大衆」、「漠不關心的大衆」等等，彼此陌生的人群，或處身於陌生的環境時的無牽無掛，很容易採取不負責任的態度，或產生暴動。例如到處可見的「〇〇〇到此一遊！」

若是對方十分熟識自己的情況下又如何呢？一個衆所周知、頗有名氣，也常在大衆傳播上露臉的人，無論走到何處，相信都得自律己身的行動。某公司對職員使用的汽車，一律以大字寫上公司名稱及屬於幾號車和電話號碼等等。理由是一來可當做活廣告，再者使駕駛者自覺身份。萬一不守規則亂開車或出車禍了，人們立刻就知道那是什麼公司的幾號車惹的禍，職員們爲不使自己的公司蒙羞，也爲了自己的前途，始終都是以彬彬有禮的紳士風度在開車，所以說那些「市虎、市鼠」也者，雖然開著豪華的進口轎車，但卻隨意亂撞亂闖，這些傢伙大概都是屬於爲富不仁、自私自利的鼠輩吧！

由此可見，若認定不爲人所識，則易於放肆，若知道有人在旁監視即會收斂行舉。反用此種原理，若我們能讓對方領悟我們對他認識得相當淸楚，對方就不至於放肆胡來。尤其是除公開的一面之外的「私面」，亦即秘密不爲人知的隱秘被探知，也就是有把柄或弱點落在他人手上時，再冠冕堂皇的話都說不出口。

我所認識的一位公司女老板，與顧客或客戶之間的來往，都是採取「家庭主婦式」的方法，在招待宴或什麼請客的場合，總是要求「把太太也帶來」，深獲太太們的愛戴，先生們也因被看到家中所不易被人見到的隱秘面，以及赤裸的姿態，日後在商場往來就不至那麼囂張了。在「正常」的狀態下，要與強敵或有權力者相抗衡的話，可能很難找出致勝的關鍵，但若我們能發現對方不尋常的一面，那就可立於對等的立場一決勝負了。

※讓對方知道我們了解他的私生活，則再大的強敵也毫不足懼。

12. 使說話有條不紊的對方陷於混亂的心理戰術

辯證法之父傑龍（Zenon—希臘哲學家）著名的詭辯之中，有所謂「射出的箭是不動的」之理論。也許有人了解其中含義，不過我還是稍做說明：「射出的箭在某瞬間來看，它仍然是靜止的。因爲時間是瞬間的連續，因此，靜止的狀態持續再久依然是靜止的。所以，射出的箭是不動的。」乍見之下非常合乎邏輯理論，但即又令人陷於似懂非懂的混亂之中，可說是詭辯中的詭辯。

當然不能與此種詭辯相提並論，但是面對條理井然的談話對手，我們是否常感到難以反駁呢？我認爲，這是由於我們理解程度的吟味進行得不夠嚴密所致。

希臘名哲蘇格拉底（Sokrates）曾說過一句名言：「我知道我自己是一無所知的！」就如同這句話所表示的一般，即使同樣是知道或在實際的「理解」程度中，仍有許多不同的階段。而通常此種理解程度的吟味，却不夠嚴密。因此在我們表示：「好，我知道了」的場合，可能是各想各的，但却誤認爲「彼此已經溝通了」，結果在各人心中產生極大的混亂：「雖說知道，其實並不了解嘛！」

無法反駁條理井然的對手，也就是我們誤以爲自己了解對方話中的道理。若同立於對方的論點上反駁，可能愈陷身於對方的圈套內。一般能辯善論的人物，很少運用抽象程度的內容服人。對條理整然的對手，若攻之以具體性內容的話題，幾乎使對方百分之百自露破綻。

戰術上而言，質問對方抽象式的表現最爲有效。例如：「不畏橫逆勇敢地迎向前去」──「所謂勇敢地迎向前去，具體上怎麼做說個清楚呀！」也就是說，你的話我很難了解，請再做個具體的解釋好不好啊？換言之，不求抽象程度的了解，而求具體程度的了解。如此一來也許使對方爲之啞口無言，至少可截斷對方的理論，達到崩潰對方步調的效果。

最露骨的方式是來一句：「我不懂」。特別是想在專家面前保持優勢的場合，這種方法特別有效。

＊要求條理井然的對手，列舉具體實例說明，可截斷對方的理論。

13. 針對細微問題動搖對方的心理戰術

花花公子的技巧之一，是在女性面前針對某一特定的目標，反覆地強調。例如：「妳的腿好漂亮」、「妳的眼睛好迷人」等等。女性則誤認爲自己身體的全部都受到了讚賞，防禦堅定的城牆也因之鬆懈而門戶大開，這是應用暗示或說服手法中的「部份刺激」罷了。部份刺激之所以有效，是因爲人的心理作用，往往把他人對自己的部份誇獎的言詞，擴大解釋爲整體誇獎所致。部份刺激不僅足以使對方敞開心胸，在攻擊敵人的場合也同樣能發揮效果。也就是反覆地攻擊小問題，做法非常簡單，但却常被惡用於動搖對手的場合。

我曾參加過某公司的股東大會，當時我看到總股東的表現，可說完全利用「雞蛋裏挑骨頭」、「沒事找碴」的心理作戰，相當有意思。

會議依照預定程序進行，在接近尾聲時，這位總股東○先生突然起立，開始大吼：「在這麼重要的會議上董事長翹起二郎腿，幹什麼的啊？」被突如其來的責罵嚇了一跳的董事長，立即正襟危坐，○先生立刻又接著大罵：「別人一說，立刻就改變態度的傢伙幹什麼董事長啊？」當然○先生本身並不眞的有那麼大的影響力，足以左右公司的決策，但是上自董事長，下自員工的心理，或多或少受到一點影響則是千眞萬確的。而受影響的員工心裏，將留下○先生的深刻印象，如此不難想像○先生日後從員工身上所可能獲得的某些利益。

像這樣受到細微的問題攻擊就動搖的董事長之神情，也許眞有不少人會以懷疑的眼光想：「他眞夠格幹董事長嗎？」受攻擊的董事長，若是涉及公司的經營方針等問題的話，無論○先生如何詰問，必然無法突破他的壁壘，但是像盤腿等問題却是常人最易忽視的小問題。換句話說，以最堅強的防禦中，找出空隙予以猛攻，則其防禦立刻渙散崩潰。特別是在知識階級的一方，最無法應付此種類型的攻擊。

反過來說，爲免屈服於對手的這種攻擊，不在小問題上打轉，則須盡可能地將言談「大而化之」，政治家們避免「各論」而永遠以總論終始，也就是深知個中奇竅。

＊攻擊忽略的小問題，再冷靜的對手也會動搖。

14. 使對方陷於恐怖深淵的心理戰術

著名的影星奧森威爾斯的一聲大叫：「火星人正在攻擊城市」，使全國人在瞬間陷於極度的恐慌。這是相當有名的軼事。這是將H、G威爾斯的「宇宙戰爭」，改編成廣播劇，以廣播電台爲舞台，而播送出去時所發生的趣事。在半途收聽此廣播劇的人，卻誤認爲是實識報導，因爲大多數的人相信奧森威爾斯所說的話。

可是話說回來，爲什麼類似「火星人攻擊地球」這類科幻電影上才有的對話，竟然有那麼多人相信而競相向街上逃命呢?實際上該廣播劇逼眞得令人恐怖，播音員突然插播新聞快報：「從飛碟走出從來沒見過的可怕生物了！」「怪物開始前進了！」「人們沒命地逃跑」等等，使聽衆毛骨悚然的伏壁到處隱藏著。因此，在中途收聽此劇的人，完全被恐懼感所籠罩，而輕易的相信「火星人正在攻擊城市」。

換句話說，這個節目深知與其突然將所有的恐怖目標傾洩而下，倒不如細微的恐怖斷斷續續的出現更能造成恐怖的結果，同時利用人類的此一弱點，製作如此受歡迎的節目。也就是逐漸地將恐怖引導至不安，則能擾亂人類的心理。

這是對擺在眼前的恐怖，也是對將來即將產生的不安的恐怖。斷斷續續而來的恐怖，使人們一次再一次地產生不安，而不安情緒的高漲，就愈增加恐怖的程度。

若想領會此種心理戰術，而使「可憎」的對手陷入恐怖深淵的話，無妨參考怪獸電影、鬼怪電影或洋片的社會寫實電影。怪獸電影裏，身爲主角的怪獸決不會突然出現。大都是逐漸使觀衆心驚肉跳、坐立不安，直到觀衆的恐怖達到最高潮的時候，怪獸才出現攻擊美女。在寫實的暴力電影裏，流氓們也極少突然狙擊敵人。或讓敵手的兒子在製造的交通事故中受傷；或毒死其寵物，使被攻擊的敵手惶恐不安，然後命令其親人盜取其組織內的重大情報。

脫衣舞等色情表演，若是光溜溜的跑上台，簡直叫人倒盡味口。愈是將衣服一絲一縷地退去，愈能昇高觀衆的期待感，達到高潮。

※追究上司的惡行時，愈是接二連三地攻擊，對方愈加恐怖。

15. 使威脅的效果倍增的心理戰術

不久之前，有部「女生復仇記」（原名『凱莉』）的電影，成為人們茶餘飯後的話題。據看過那部電影的女學生告訴我，那的確是非常恐怖的電影。最後一幕全場驚恐的尖叫聲，差點沒把戲院給震垮。當然那位女學生也免不了邊看邊連連尖叫出聲，她告訴我故事的大概後，我才明白為什麼觀衆會感到恐怖了。

電影的主角，是一位名叫凱莉的內向少女，不但器量不佳，同時又經常穿著極不稱的服飾，所以經常受到同學們惡作劇的欺負。當凱莉的憤怒達到顛峰時，蘊藏在她內心深處的超能力於焉萌現，引發各種恐怖的異常現象，但最後仍免不了一死。最後一幕的鏡頭，是悄悄地映出她的墳園，但突然有隻少女的手從地下伸出，全場一片尖叫聲中緩緩落幕。觀衆之所以尖叫，是因為全場的人心都已安定下來之後，又突如其來地出現「威脅」所致。也就是說，觀衆從開始就連續地處在緊張狀態下，直到最後墳墓出現時，使觀衆終於可以「放下心」來了，在這種「安心」的時

大騙子專集

以畢業學校等強調與對方的共通點以解除戒心。

故意求借小額借款且誠實地奉還。

你是否也同樣受騙！

信用低的人，藉第三者的口代言

與一流酒店侍者拉關係，誤以為自己也是一流人

刻受到的衝擊，能使恐怖的效果達到最大。

此種威脅嚇的技巧，常見於恐怖電影中。以前曾有位警察朋友告訴我，家中若有小偷侵入的話，先不要出聲，悄悄的躲起來。因爲若是當場處置不當，可能會引發衝突造成意外事件，等到小偷把東西全偷完了，正準備溜走的時候，才突然地走出來大喝一聲：「你這小偷，站住」。據說常可使小偷嚇得手腳發軟。因爲小偷得手順利而解除了緊張態，意外的威嚇會造成最佳的震撼效果。

像這樣地利用對手漫不經心的疏忽，而使對手震驚的心理技巧，大概是那些黑道流氓的常套吧！流氓們在威嚇的時候，絕不會從頭到尾以威脅性的語句恐嚇。有時候也在中途與對方「坦誠相見地客氣一番」，表示誠懇的態度。俟見到對方警戒心鬆懈的時候，再度施加恐嚇的手段。

當然，我並不是鼓勵各位讀者像流氓一樣，以此種手段去威脅他人。而是例如在集合手下訓話斥責的時候，偶爾也無妨表示：「我當然了解各位的心情……」使緊張的場面稍緩和下來，再以強調的口氣說：「可是你們的做法太不應該」，如此，至少部下不會認爲您是個老實可欺的上司。

＊在威脅之前，先解除對方的戒心和緊張感，必能使脅迫的效果更明顯。

16. 抓住對方的小辮子而控制的心理戰術

大概沒有人刻意在約會或談生意的時候遲到吧！但是偶爾因不可抗拒的原因，遲到三、五分鐘也是常有的事。通常，見面賠個不是，諒必不會導致什麼嚴重的糾紛，但在談判、交涉的場合，爲使本身保持絕對的優勢，大可將此種微不足道的小錯，做最大限度的發揮。

但也用不著直接向對方興師問罪：「怎麼搞的？我已經等了三十幾分鐘了！」或「連約定的時間都不遵守，還談些什麼？」因爲這麼一來，對方可能立刻道歉，對方道歉，我們就無法借題發揮了。對手因自己犯了過，最初或許會有多少的顧忌，但隨著交涉的順利進展，此種顧忌必也早已遺忘到九霄雲外去了。

但假設您根本都沒提及對手遲到的事時，又應該怎麼做才合宜呢？在對方尚未開口道歉之前先發制人，立即言席正位，勿使對方有解釋的機會。即使對方已開口在解釋，也當作充耳不聞，不予接受，看著對方笑笑就是了。如此一來對方必定陷於不安的狀態之中，此後談話的進展，領導權就完全掌握在您的手中了。

自己所在意的弱點或錯誤，被人嗤之以鼻的話，就會產生自己的全人格都受到藐視的錯覺，這是人類心理的傾向。心中懷抱某種不安的場合，即使參加什麼交涉或會談，心中所牽掛的，也只是「為什麼對方如此藐視我」，而談話的內容他根本充耳不聞。即使不至於如此，但由於存有「遲到實在眞失禮」的弱點，使原本想說的話也難以啓口。反用此種心理，在交涉的場合，務必儘量提前到場，使即使準時抵達的對手也歉疚的表示：「讓您久等了！」

公司等場合，許多上司不願當場評價手下所提出的報告或簽呈什麼的，只默默點頭或微笑接受——手下在面對此種態度時，大都會受到難以言喻的不安所襲擊。有問題就直說，好就好，明確地評價使人情緒安定，若不明說，則叫人惶恐不安。在不犯錯的狀況下尙且如此，若手下稍有犯錯的狀況下，不被賞識的不安感將更強烈。

※不明確地指出對方的錯誤，只要一句「問你自己就曉得」卽足以令對手坐立不安了。

17. 使對方焦急而喪失注意力的心理戰術

某職業棒球隊的教練A氏，從前是職業球隊的捕手，每回比賽的時候，他都站在打擊位置上向對方打擊手嘟噥些什麼，據說每次都能在緊要關頭使強打者三陣出局而化險爲夷。

某位全壘打球員，是個公認的愛妻者，每次比賽必定請太座大人來觀戰。A氏在己隊面臨最大危機的場面中，與此位全壘打王對上了，據說A氏當時悄悄地對站在打擊位置上的對手說道：「今天尊夫人也來觀戰了呀！可是剛才一直和尊夫人很親密地在一起的美男子是誰呀？」那位打者員的回過頭來露出怪異的表情。這還沒什麼，接下去的才是A氏的獨門絕招。

己隊投手先投出一壞球，A氏邊把球投回去，邊又喃喃地道：「哎呀！兩人笑得好愉快啊！」第二球也是壞球，打擊者沒有出手。A氏邊投球邊又開口：「你看不到的地方，尊夫人正好自得其樂呢！第三球是好球，但揮棒落空。接著他又說啦：「看那神態，交情可不淺吶！」第四球揮棒落空。「漂亮的女人都是色狼的對象」，第五球壞球。「你忍得下這口氣啊？」第六球是個明顯的壞球，但打者揮棒落空而被三振出局。據說對方這位全壘打王朝內網瞪了一眼，不坐選手席而逕自氣呼呼地走了出去。

以前經常是站定在打擊位置上，耐心地等待自己最喜歡的來球的強打者，或許在A氏的喃喃自語下深受影響，愛妻身邊的那位「美男子」到底是何方神聖？

決定勝負的鐵則之一，就是使對方喪志。或許直截了當地消遣對方：「不行啊！打球打這麼久了，技術還是那麼差」，也能有效果，但是也可能激起對方的敵愾心，反而不妙。但若是說些與比賽不相干的內容，例如：「你就是煙抽太多了才會如此」、「是不是最近跟太座處得不好啊？」連續道出批評對方周遭事物的內容，大部份人可能不會生氣，但是至少會聽聽你在說什麼，若愈說下去，對方的情緒就愈焦急，即喪失集中注意力的能力，結果輸的當然是對方。

＊批評對方所自負所親近的事物，最能使對方焦躁不安。

18. 使對方判斷力減弱的心理戰術

在議席上，有時候針對某議題猛繞圈子，却討論不出一個所以然來。但當問題無法順利解決，而所有出席者個個面露倦色時，若能首先發言：「我認爲就這麼辦好了！」提出自己的主張，即使再膠著難題，也會全員無異議通過。

當然，若非議論紛紛就不致於如此，但在全體乾脆一致通過的背後，與會者身心俱疲憊的條件不容我們忽視，也就是與會者全處於「漠不關心」的狀態中。

「有充份的睡眠，也吃得夠飽，加上煙抽的話，你絕無法從嫌犯口中問出一點蛛絲馬跡」。

許久以前，我的警察朋友就告訴過我這句話。尤其嫌犯是屬於前科累累的慣犯的話，若再加上吃得飽睡得好，再高明的警察也對他莫可奈何。據說首先要拿走嫌犯最喜愛的香煙，並進行疲勞轟炸式的長時間詢問才有辦法。使其疲勞，是逼迫對方處於一種異常的精神狀態，在疲憊至極的情況下，一支微不足道的「香餌」——香煙，就足以使嫌犯乖乖的自動招供。

人的身心處在正常狀態下時，擁有正確的判斷力，也足以自我抑制，而肉體的疲勞也足以帶給精神面極大的波及效果。肉體疲勞則欠缺注意力，造成思考「短路」，我想大家都有這種經驗。前述的會議或慣犯的例子，正如實地顯示肉體的疲勞導致理性水平低降的證據。

腦筋的回轉處於惡劣的狀態下時，由於缺乏批判的精神，往往贊成有違本心的建議。許多交涉成功的例子，最後的撒手鐧，是專找對手最疲憊的黃昏時間，從人類心理的動向而言，這是十分正確的。

若極端地運用肉體疲勞所造成的心理遲鈍，就足以使對方思緒做一八〇度的轉換，造成如洗腦般的人格變形。有陣子相當流行的企業管理職訓練中的感受性訓練（S T Training），也可說是一種洗腦。住在宿舍好幾週都是食用罐頭食品，在與世隔絕的狀態中，連睡眠時間也被剝奪，從早到晚都是開會發表議論，使全體人員處於一種異常狀態之中，有許多人在受訓後都有這種感覺：「好像完全變成另外一個人似的！」

＊交涉最後的撒手鐧，選擇對手肉體最疲憊的黃昏行之。

19.用些微的暗示隨意操縱對手的心理戰術

前述的某大百貨公司前董事長○氏，其垮台的過程可說是社會心理上最有趣的實例。在公司內掌握無上實權的○氏，由於波斯寶藏展的「贋品風波」，內外的砲口一致集中在他身上，終於不得不鞠躬下台，但其中最叫○氏震撼的是公司十六位常務董事，竟出乎意料地一致讚同解除○氏董事長實務的決議。據日後的新聞報導指出，反○氏派的十四名董事已經成立，另兩位董事在滿頭霧水中，因鄰座董事的一句：「大家都已經起立了！」也莫名其妙地起立。

讀到這段報導，使我對人類心理的複雜，有更深一層的認識。一般而言，若給予處於極度不安狀態下的人些許的暗示，則往往會做出與平日的信念完全背道而馳的行爲。前述的兩位常務其心態如何不得而知，但完全不知內幕，且處於不安的極致之狀態下則是不容否認。因此一旦被告知「請起立」的時候，就乖乖的站起來。

人在極度不安的狀態下，簡直是摸不清方向。在類似動物原始心性的狀態中，就如同魚群的領袖往右一轉，身後的魚群也隨之右轉。不安的狀態會造成思考短路，無法自我做意志決定，只是直觀地自保其身。此時行動的遵行方向，就是領袖的一句話，或他人微不足道的暗示。

特別是處於恐慌狀態中的極度混亂場合中，這種傾向更加明顯，而「全面性」地接受他人的暗示。觀光旅館的大火災裏，再鎮靜再有理性的人物，都免不了陷於恐慌之中，隨便受他人的行動、言詞所左右，而蜂擁到一個出口，就是典型的實例。

若能把握人性的這種弱點和盲點的話，欲隨心所欲地操縱對手，並非難事。例如公司中有死對頭，凡事總是跟您唱反調的話，則故意與其身邊的人接近，使其轉而投靠己方，讓您的對手難以再取得任何情報。刻意的製造使對方感覺不安的狀況，並利用第三者，使其了解，公司的營業方針是依照您的計劃而進行，這樣就已經綽綽有餘了。

※把對手摒於同伴之外，使其陷於不安狀態，再以些微的暗示而隨心所欲地操縱之。

20. 強調禁止事項使對手作繭自縛的心理戰術

某位名教練曾告訴我，投手在投球之前，若是提醒自己：「不要往那邊投」的話，結果球眞的飛向那邊。因此在提示投手「勿投內角球」的情況下，應反面告訴他：「投個外角球」。

日本某位名音樂指導教師，曾培養出許多天才小提琴手的S氏，在兒童的練習毫無進展時，就親自彈奏一曲示範：「你該不會連這一小節都不會吧？」兒童當然不服輸：「我當然會」，而猛下功夫練習。反覆進行之後，最艱難的曲調也能得心應手地演奏。

這些實例顯示出什麼呢？其實這裏頭隱含著冷酷心理戰術的最佳題材。人類的心理是，愈被禁止的事愈想嘗試看看；或者是在無意識中不知不覺地往被禁止的方向前進，人類就是擁有這種怪異習性的動物。雙方家長堅決反對的婚姻，却更使小倆口下定決心——「偏要結婚給您們瞧瞧！」經常吸食強力膠的少女，在父母的嚴厲責罵之下，却反而加入不良少年集團的實例也不少。

若是「惡用」此一原理，例如在打高爾夫球的場合，定可在不知不覺中使對手陰溝裏翻船。高爾夫球是比其他球類運動更爲有智性的運動。我自己也有過親身的經驗，在最緊要的打擊時刻，常因對手漫不經心的一句話，而造成重大的失誤。因此才有人說「高爾夫球是用口打，而不是用手」，不相信的話，下一次在對方擊球時試試看。

最有效的是親切的忠告，也就是提醒對方禁止的事項。「曲打的話會掉池哦！」「短打，小心不要外逸」，奇怪的是，你愈提醒他愈是眞的打出誤球。

比賽之前的商討，那些被提醒別這樣別那樣的選手，愈是在當天的賽局中打得一塌糊塗。

＊強調禁止事項會使對手緊張，而難以發揮平時的實力。

21. 擾亂團體步伐的心理戰術

前不久亡故的好萊塢巨星亨利福特，曾主演過一部鉅片——「大陪審團」，故事的大要是敍述十二個陪審員，決定判決一位少年殺人嫌犯有罪或無罪的全部過程。

這部片子令我感到驚奇的地方，是十二個人之中，惟一主張無罪的亨利福特，使其他十一人個個逐漸同意他的主張的技巧。因爲這十一人可說組成了一個「有罪」組織，也構成了堅固的反對意識堡壘。而他却一再地以理論擊破物證或目擊者證言中的漏洞，同時並非對集團而發，而是針對每一個陪審團的「個人」。

對他的反證，他並不問「你們怎麼想」，而逐個的問：「您怎麼想？」陪審員之中，當然有死硬派者，打從開始就一口咬定「有罪」，但大部份人是屬於「觀望派」；或者心中存疑，但却欠缺明確的證據支持自己的主張，因而保持緘默。亨利福特強烈地突破個人此種思考上的微妙差異，終於使全員一致裁決少年的無罪。

相信大家都有同樣的經驗，自己所屬的團體或組織正朝著既定的方向，即使您有合理的反對意見，但想主張己見以改變團體的方向，是非常困難的。但無論多麼堅固的組織，其組成份子仍是「個體」。嚴格的說，正因爲個人勢單力薄所以才投靠組織，以求獲得心理上的安全感。因此若想使集團依照己身的意思去行動的話，勿以全體爲目標，需針對個人來論理方可收預期的效果。就如同各人長相有異一般，每個人的性格或思想也截然不同，使個人說出眞心話各個擊破就行了。即使發現個人和集團間意志上不同的蛛絲馬跡，也足以擾亂團體的步調，達到我們所希望的結果。

＊使團體的步伐紊亂，不在於問「你們認為如何」，而在於「你認為如何」。

騙子詐欺即用此招

某不動產詐欺事件的經過是這樣的。犯人先去找某經營者，表示有一筆祖產想出售，最後終於談到看土地的階段。當天，經營者帶著律師和土地代書前往實地了解時，該犯人和一位老奶奶出來迎接。犯人解釋說這位老奶奶是住在這兒。

其實該棟房子是詐欺犯暫借的而已，而且他也知道老太太重聽，特地從他處僱來表演的，兩人其實是互不相干的陌生人。但因爲有老太太在場，使人產生該處常年有人居住的錯覺。

詐欺犯從老奶奶手中接過房屋的權利書（看看演技多麼逼眞），拿給買主過目。當然權利書也經過巧妙地僞造。而老太太重聽，他仍在說些什麼，她根本毫不知情，對欺詐犯來說正中不懷。

欺詐犯再來最後的絕招，他就在買主面前打電話給附近的飯店：「喂！我是○○，像以前一樣送五份客飯來！」聽他那種口氣，不但買主相信他是代代的地主，連隨行的律師也信以爲眞。

像這樣巧妙的欺詐事件，其犯罪的過程，早已安排好兩、三層陷阱，叫你心甘情願地上鈎呢！

第二章　使對方產生錯覺而聽命行事的心理戰術

22. 使恭維話若有其事的心理戰術

美國的出租汽車公司A公司的「第二位宣言」，前一陣子在美國的廣告界掀起熱門的話題。A公司是出租汽車業的後起之秀，雖然市面上早已有掌握大半市場占有率（Market Share）的前輩公司存在。A公司最擔心的是該前輩公司將會繼續佔有多少市場，因此在廣告宣傳的戰略上，採取了突破傳統廣告常識的方式。

通常，若是想爭奪首位的公司，必定振振有辭地宣傳：「本公司是最好的」。但是A公司却不這麼做。他們誠實地告白「敝公司仍是第二位」，「所以本公司才竭盡所能地爲顧客做最熱忱的服務」。此一廣告作戰果然效果非凡，A公司的業務因此迅速地擴展成功。

爲什麼此種自白式的宣傳却反而成功呢？「本公司將不願爲人所知的負面形象，予以誠實的告白」，大概因此造成該廣告予以眞實、誠實的印象吧！在騙術橫行、爾虞我詐的現代社會中，此種宣傳反予人新鮮的刺激。

每個人在本能上都深自了解自己到底有多少斤兩，因此若能客觀地觀察事物的話，必可發現正反兩面的存在。若能同時公佈正、負兩面的情報，反而能夠取信於人。例如百貨公司才舉行的什麼大狂廉、淸倉大拍賣、年終大拍賣等，若商品的本質本身沒有損壞，可反增該商品的可信度，造成爭相搶購的局面。

在人際關係方面也同樣的，光是一味地讚揚優點，實在缺乏眞實感。在介紹某人的時候，若能同時添加「他有某某缺點」在內，反而能夠襯托出其人全體評價的眞實性。

某經濟評論家，無論在評論哪位人物，都毫不留憐而尖銳的批判其人的負面。因此却反而提高被評者的人物評價和社會評價，使得被評者廣被同業所知悉。我自己在寫學生的記錄時，必定連帶記載該生的缺點，例如寫些無傷大雅的缺點：「稍嫌過於死板」等等，因此十全十美予人的可信度仍是相當薄弱的。

※缺點也一併記入，反倍增優點的可信度。

23.揚小惡以隱他惡的心理戰術

某部美國喜劇片，曾演過一位音樂家因情勢所逼，不得不男扮女裝，結果却使某老富豪爲之傾倒而面臨結婚關頭的故事，留給我深刻的印象。她（他）想盡辦法拒絕老富豪的求婚，而列舉自己所有的缺點。被愛情冲昏頭的老富豪却不以爲忤的堅持「無妨，這些我全都可以忍受」，愈發使事情不可收拾。他只好告訴這位熱情的老頭：「我的身體有嚴重的缺陷」。老富翁面露憂色地詢問他所謂的嚴重的缺陷，是否得了什麼不治之症。他輕輕地揭開金色的假髮，讓對方看個清楚：「其實我是個男人」，使得對方呆若木雞的楞在當場。

這位音樂家似乎並不太了解人類心理的微妙，一般而言，誇張小缺點後，就不會注意其他的缺點。例如一個人有十項缺點，若能把其中一項缺點擺在最醒目的地方，對方對於其他九項缺點就不太關心了。他却誤解此點，想利用「一種缺點以使對方絕望，結果却使老富翁，把所有的注意力都集中在「肉體」的缺陷上。若「他」在對方眼中，是個絕世美女般地存在，且想隱藏缺點的話，若讓對方瞧瞧自己的「超級小腿」，用不著直接告白自己肉體上的缺陷，必能成功地使老富豪死心斷念吧！

這是世人經常犯的錯誤，所謂的媒人嘴，指的就是媒人或仲人所說的話難以叫人信任。在媒人口中，女孩子個個都是秀外慧中、溫柔嫻雅、一流大學畢業的十全十美的美女。好不容易熬到相親那天一看，却是矮得可以。老練的媒人，當然也留意到女方的個子矮，所以才故意列舉對方可能注目的缺點，以使相親成功的心理戰術。

同樣的，優秀的推銷員，絕不列舉自己推銷產品的所有優點，却反而列舉顧客較關心的些許缺點。房屋掮客則列出會受到日照和噪音等問題。前往看屋的買主，一旦發現噪音並不如想像中那麼嚴重時，可說「完全滿意」，但却忽視該地交通不便，須要換五班車才能到達市中心。

＊使一缺點最突出，其他缺點卽隱而不見了。

24. 使毫無根據的謊言成眞的心理戰術

在一次我也出席的教育座談會上，一位母親先來段開場白：「我不是教育專家，但是……」開始陳述她對學校和家庭教育的觀點。夾雜著艱難的問題，在議會上侃侃而論，她的發言新鮮深入，竟使在場人士爲之所動。事後我認爲她的意見並無獨特之處，而能在開口的一瞬間即能引起全場人士的注目，不可說與她開場白的那句「我不是教育專家」沒有關係。

當天的出席者幾全是所謂的教育專家，對教育問題各有其自成一家的理論，誰都對別人的理論嗤之以鼻。處在此情況下，開場白先明說：「我非專家，對此道並不了解」，使聽者在心理上充分產生：「這個人率直又謙虛，姑且聽聽不誇張的內容吧！」

國外曾出現與此相類似的轟動事件，某著名評論家在宴席上，以「沒有確實的證據，但……」爲前置，暴露出足以扼殺某政治家其政治生命的「事實」。結果「事實」却非「事實」，但却予人「似有這麼一回事」的印象。評論家事後也深自懊悔謝罪，但因他曾說過「沒有確實的證據……」而免於被進一步地深究。若他「有意」中傷政治家或政黨，此種「醜聞式」的話題，必可達到其不良的陰謀。像「沒有確實的證據，但……」式的開場白，似乎含有某種不爲人所知的神秘成份在內，愈發刺激聽者的味口。

報紙上不也常使用「根據可靠人士指出」、「根據可靠消息來源指出」的前置語嗎？「據未經證實的消息指出」、「雖無確實的證據」、「根據消息靈通人士提出」的用法，最能引發讀者的興趣。

不確定的情報也更可能予以一種感覺，那就是「或許情報傳播者對情報的確實性有其嚴密的基準，所以對近乎百分之百確實的情報，謙虛地以『還未確定』的說法表達」。「未確定」、「未確認」，或甫出現的情報，與事實關係毫無明顯關連的模糊新情報等等，在開場白先行說明之下，却反而帶有使人信以爲眞的魔力存在呢！

※無確實根據的情報，以「目前還不太確定」為前置，反收真實的效果。

25. 使對方答應嚴苛條件的心理戰術

在高速公路上，以時速一百公里開車，常難以感覺到速度之快，但在一般公路上一百公里的時速，却因景物的急速倒退而感覺其速度的「快」。這是心理學上所謂的「對比效果」。高速公路上哪部車不是以百公里的時速在飛馳。與路上其他旁車的速度和自己的車速兩相對照之下，就不覺得速度快了。若對方時速一百二十公里，大概反而覺得自己的車速太慢了吧！

但普通公路上，最高時速不過五、六十公里，自己車速一百公里，當然會覺得是以高速在行駛了。同樣是一百公里的時速，在高速公路和一般公路上，與他車的「對比」之下，速度感的差距顯而易見，這就是因「對比效果」而來的錯覺的最佳實例。

在現實生活裏，此種對比效果的心理，屢次被善、惡地運用在各方面上。警察在勸犯人招供時，最常用的手段是告訴他：「現在認罪，刑罰可以減輕，拖得愈久你的罪愈重！」

「現在招供可減刑」的現實和「愈慢認罪刑罰愈重」的未來兩相衝突之下，「若不招供罪名愈重」的未來，在對比錯覺下愈見突出。而招供的現實比實際更「輕」，嫌犯大都因此而俯首認

交涉專集

以小暴力使對方懾服

以更嚴苛的條件使對手接受嚴苛的條件

你是否也同樣受騙！

交涉之時應選擇對手疲憊時行之。

以遲緩的口氣化解對方的追向。

罪。

換句話說，若想使對方接受嚴苛的條件，只要提出更嚴苛的條件即可。使前者的嚴苛條件更形渺小，並使對方接受我們所提出的條件。

例如通常每週的營業額才五、六萬元，但現在却非讓手下提昇到十萬元以上不可。此時直接告訴手下：「下週開始，業績必須提高到十五萬」，手下當然會反駁：「十五萬？這不可能嘛！」但有很多例子顯示，手下在討價還價之後，終於肯定地表示：「十萬元左右應該沒問題」，結果眞的達成此一目標。若開始要求對方：「十萬元左右即可」的話，最多只能達到八、九萬吧！

✳使對手接受嚴苛條件，首在於提出更嚴格的條件。

26. 消除對方反抗力使其做最大讓步的心理戰術

前幾天我遇到一位令我相當佩服的推銷員。他是前來推銷這陣子相當流行的語言學習機，而他推銷的方式的確經過一番設計。這是我以後才了解的，他所使用的關鍵句是「謝謝您」這句微不足道的寒暄語。根據運用的巧妙不同，「謝謝您」這句話，可以在不知不覺中解消對方的抵抗感，並做出最大的讓步，是最不爲人所知的深具威力的一句話。

他是這麼開始說的：「您也聽說過最近相當熱門的語言學習機吧！」「是，聽說過，但……」「哦！謝謝您……」他立刻接著下去：「您認爲如何？是否沒有一用的價值呢？」「我個人並不這麼認爲……」「謝謝您……」他幾乎全都用這種口氣，他以「謝謝您」來引對方說出稍爲肯定的語詞答腔。有時我以否定的口氣回答：「我個人的使用上，恐怕派不上用場……」，他仍然還是莫名其妙的回答一句「謝謝您」，可說徹底徹尾地實行「謝謝您」戰術。最後我終於笑出來了：「雖然您的禮貌這麼周到，可是……」，但當時我的確喪失了抗拒力，甚至於幾乎決定向他訂購一部。

有不少推銷員無論對方說什麼，他都誠懇地向您致謝：「謝謝您」。對方不給他好臉色看，也說「謝謝您給我機會」，對方最後沒有買，也說：「希望有空前來敝店參觀」，如此一說，幾乎都使對方產生心理上的愧疚，和虧欠的情緒。往往人類對於虧欠的情緒相當敏感，總要想辦法償還，並考慮採取行動，以與對手維持「均衡」相等的人際關係。

由此可見，最足以產生虧欠心理的，只有這「謝謝您」一句話嘍！或許星期天他就登門造訪，一見到對方愉快的表情，就會有一種償還的感受。用板車拖著沉重的蔬菜沿街叫賣的老太太，常予我們「眞辛苦」的感覺，不買些什麼總覺得過意不去，這也是由於見到她們傴僂著身子拖車的神態，予我們一種心理負擔所致。

＊讓對方心理累積微小的負擔，迫使其大幅度地讓步。

27. 使人誤認爲談話井然有序的心理戰術

日本的瀨島龍三，是個相當活躍且在各方面有強烈影響力的人物，可稱得上是日本的參謀。許多雜誌經常刊有關他的報導，根據常與他接觸的人士表示，他最受推崇的是井然有序的說服力。無論誰提出什麼樣的質問，他都能立刻回答：「這可從三方面來說明」、「這有三種情況」，把問題分成三部份解說。結果聽者不會雜亂無章的吸收他的話，而能清晰地了解他的說明。再怎麼錯綜複雜的國際問題，他都可立即整理成三段明快的解答。因此，喜歡聽他談話的人愈來愈多。

他曾任日軍的總參謀，頭腦的明晰自不在話下。他的談話之具有那麼深的說服力，與他把問題區分成三條的方式也不無影響。人類最無法抗拒斷定式的語調。以自己之見去說，易使他人誤認爲事實就是如此。在心理學上可說是「除掉零頭」的詭計。各種議論等於是除法中剩下的餘數一般的瑣碎。斷定式地說明事物，等於捨去零頭不計，只求其整數，如此一來，談話的內容就更爲明快順暢了。

而僅有一個斷定的回答，給予人獨斷的印象，說服力也不高；而區分成三項時，則完全吻合人類心理的特性。過去、現在、未來，天、地、人，智、情、戀，智、仁、勇三位一體，辯證法中的命題、反論、綜合（Theatre — Anti — Thantre — Synthese） 等等，以及日常生活中的是、不是、都不是等三種用法都可看出，人類在思考事物時，慣於從三種不同的角度去觀察。

與對手交談時，若能肯定地把問題區分爲三項，不但使人感覺所有的解答都集中在這三項之內，同時對手也更易於理解。在論點曖昧不清或想表現自己是個有能力的人的話，使用此種三段式談話，是令人對你加深印象的最佳絕招。

＊最初把問題分成三項，使對方認定您是個腦筋靈活有說服力的人。

28. 使對方深信難以取信的情報的心理戰術

我有位朋友的兒子，從某時期開始，其成績直線地上昇。其原因當然是自己發揮用功的精神所致，但其中却也隱藏一段故事。有天這位孩子的叔叔來訪，兄弟倆久別相見，免不了痛飲一番，席上兩兄弟聊到孩子上面，哥哥如此向弟弟表明：「我那個兒子啊！雖然還是有點散漫，但還是蠻有志氣的，比我小時候更有素質，只要肯努力的話，成績必定會愈來愈好的。」

第二天，叔叔帶著姪兒一塊兒去釣魚，叔叔邊垂釣，邊把昨晚聽來的話告訴姪兒：「你眞是個孝順的乖孩子，你爸爸說你比他還有志氣，他很高興地說，只要你有心再用功一點，成績一定會更優秀的！」據說孩子聽叔叔這麼說，露出難以言喻的欣喜神情，從那以後，孩子在功課方面有了一百八十度的轉變。

一個原本散漫好玩的孩子，爲什麼因叔叔的話而如此地發奮用功呢？因爲叔叔是與父子的利害無直接關係的第三者。無利害關係的第三者所說的話，有其眞實性，且能使孩子完全接受。若是父親直接對孩子說這句話，說不定孩子會認爲：「又是要叫我唸書，以爲我是白痴啊？」如此反而不妙。

也許這是個可悲的事實，人原本就不願誠意地直接傾聽他人說話，大概是因爲其中包含太多隱藏各種迷惑的情報吧！但第三者的情報却是令人足以信服的眞實情報。與其進行激烈的廣告戰，倒不如一傳十，十傳百的耳語或風聲來得具有更大的威力。熟知「直接宣傳力薄」的人們，無不處心積慮地透過學者、專家、書評家等第三者之手，來極力推薦。

社會上最熟知此等心理結構的，就是詐欺犯等騙子們。這是個實際的案例，其手法是：首先帶個老外到常去的咖啡店去，並告訴店裏的服務生，他是某阿拉伯的王子。然後下次再帶想求婚的對象到咖啡店，自己藉故暫時離開一會兒，小姐當然有點坐立不安，看他又像是與店裏的人很熟，於是找來服務生一問：「他是幹什麼呀？」「他呀！好像是阿拉伯王子的朋友吔！」第三者這麼一說，這位女孩子就成了騙婚案中的犧牲品了。

＊利用第三者傳達難以取信的情報，增高可信度。

29. 使重担誤認爲輕鬆事的心理戰術

二十幾年前，某家以創造暢銷書著稱的出版社老板K氏，勸我以「讀心術」爲題寫一本書。當時我雖然也曾在報章雜誌寫過幾篇文章，但從來沒有出書經驗的我，却宛如接受一件無窮盡的苦差事似的，根本毫無自信。但K氏却裝做若無其事地對我說：「怎麼樣，書名不錯吧！今天就開始寫，三百張稿紙，每天寫五張，兩個月就好了呀！」他這麼一說，很不可思議的竟然減輕了我心頭的重擔，兩個月之後我眞的如實把書寫完了。

本來兩個月寫三百張稿紙，其數量的確予人沉重的感受。但是每天五張，比在雜誌截稿日期的前一天趕個十幾二十張，感覺上來得輕鬆太多了。雖然實際動筆後，還是覺得每天五張的定額，仍然相當吃力，但既已承諾也反悔不得。後來我才發覺，我這個心理學家，竟然也中了對方心理戰術的陷阱。而且他又笑嘻嘻的說：「老師啊！要寫一本書當然並不容易啊！」我除了認輸以外，還有什麼話說呢？

此種「心理上的除法」之心理戰術的運用範圍相當廣泛，推銷員也常以「每天只要付十塊錢而已啊」的說詞來引誘顧客上鈎。許多人誤以爲貸款利息便宜，每天才不過幾塊錢，卻忽視年利高達百分之九十以上的高利貸，因而誤入圈套，愈陷愈深終究破產的人不在少數。

玩弄數字的心理運用，除心理除法之外，還有所謂的「心理換算」的方式。例如各位也常在電視或報紙廣告上所看到的房屋推銷廣告：「距離台北車站七十分鐘路程」，若換成一小時十分鐘，給人上下班時間相當費時的感覺；變成七十分鐘，就完全符合以分爲計算基準的現代生活步調，而予人迅速短捷的錯覺。無論心理的除法或心理的換算，皆非假造數字，而是以另一種方式表現而已，其中當然也含有不同於詐欺和騙子的惡用心理的巧妙術在內。

※沉重的負擔，運用心理的換算或心理除法以減輕感受。

30.封殺對方疑問使誤認爲已了解的心理戰術

某社會學家C氏，曾針對尋問的心理，做過相當有趣的實驗。他以資深的刑警做爲實驗的對象，首先他讓受驗稍待片刻之後，才詢問受驗者「有多少人從巴士探出頭來？」「卡車上掉落的貨物有三捆還是四捆？」其秘訣就在於質問受驗者「實際上」並不存在的問題。

也就是說事實上並沒有乘客從車上探出頭來，卡車上更沒有貨物掉下來，但却從來沒有人識破此種詢問的詭計。不是回答三人就是回答了兩捆。

連資深的刑警都會犯下這麼嚴重的錯誤之現象，C氏稱之爲「誤前提暗示」，證明詢問的方式，如何地左右著自白的內容，爲什麼會如此地導向錯誤的方向呢?我認爲這對「彼此溝通的事項」而言，是因心理上都會產生強烈地抵抗意識，而自己加以「否定」的。

因爲一旦加以否定的話，就會使「達到了解的信賴狀態之關係」，完全地崩潰了。因此，完全扼止對了解事項的疑問，較易於產生維持信賴關係的心理作用。「有幾個人從窗戶探出頭來」的問題，就等於是追求對方默然地了解「你應該也知道有人從窗戶探出頭來」，使對方「誤無爲有」。

我日常大都也以「就如同你也了解的……」爲開場白，如此一來減低對方的戒心，更使對方產生優越感——當然我懂的事是不少。有時候即使對方根本毫不了解的，在這句話之下，也常表現出內行十足的神態。這就是前述的「不願否定」共同了解事項的心理在作祟。

從此現象可知，欲使此等人陷入「錯覺」之中，並不是什麼難事。典型的例子是政治家們的常套語句：「這種事連三歲小孩都知道！」姑不論是否故意要欺騙聽衆，這種說法等於就是「正如您所了解的……」之翻版，簡直是天花亂墜，把死人都能說成活人。

＊以「如同您所了解的」為前提，封殺對方對內容的疑問。

31. 封殺會議上自由發言的心理戰術

某公司的高級主管曾找過我協商，因爲公司內的會議流於形式主義，毫無辦法可吸引與會人員自由發言。當天的會議上他還特別聲明：「今天請各位不要顧忌，盡量的知無不言，我們需要各位的意見……。」但卻絲毫效果也沒有，完全是「毫無異議」通過的形式化會議。

我迫不及待地仔細請教他會議的方式、時間、地點等問題。果然不出我所料，會議是在極其豪華寬敞的地方，會議桌上鋪著雪白的桌巾，坐在全身都「沉在其中」的舒適沙發上。就像是召開十國高峯國際會議的氣派。

席位的分配也照著職位嚴格地指定，就位也是由下往上的順序按規矩來。最後主持會議者才姍姍來遲，一臉正經八百的嚴肅樣進來，坐下，輕咳幾聲「以示威嚴」後，才煞有介事地做開場白。

無論個性多麼開朗的人們參加這種集會，都難以望他們會提出什麼自由濶達的意見。在這麼嚴肅死板的氣氛中，極度地限制了人類的自由想像和行動；用不著心理學方面的解釋，相信任何人都會一目了然，如：在小吃攤上灌杯啤酒與在一流海鮮餐廳大快朶頤，同樣是啤酒，但味道一定有天壤之別，所說的話、內容、形式也截然不同！

我勸他拋棄這種死板的形式主義，無妨改在大圓形的桌前，不分上下職位，大家排排坐的方式試試看。飲料就用自動販賣機式的紙杯，每人一杯茶就行了，也不要舖桌布。結果如何呢？不久之後，當我們再度見面後，他非常高興地說：「眞謝謝您的指示，現在才像個開會的樣子了！」

從此實例可見，會議開場的氣氛是如何有力地支配開會的氣氛。相反的，要想完全以自己的意思控制會議的進行，也不是完全不可能。在召開議論百出、爭執不下的會議時，採取嚴格的態度，塗上權威主義的形式，製造死板嚴肅的氣氛，並且帶領會議的進行，就能封殺自由發言，不求對方發表意見，使與會者同意自己的主意。

＊採形式主義的會議，出席者的腦筋也隨之僵化。

32. 反覆的命令使人服從的心理戰術

二十幾年前，有一部膾炙人口的電影「吾愛吾師」，薛尼鮑迪飾演的教師，苦口婆心地教導一群頑劣不到的高中生。最後教師和學生之間，竟產生了心靈的交流，個個成爲努力用功的好學生。

男主角教師，首先分配班上每個學生非完成不可的工作。若有學生想反抗的話，就採取毅然堅決的嚴格態度，絕不寬容。無論在何種場合，對學生都採取嚴厲的命令口氣說話，開始時對他嗤之以鼻的學生們，終於漸漸地對老師感到信賴。

最近成爲話題的校園暴力，有人指摘其原因之一，大概是學生與教師間的關係過於親近、彼此顯得太熟的緣故吧！如同「吾愛吾師」一片所闡釋的，教師有其身爲教師的立場，在學生的面前則必須有不容妥協的教師威嚴。若把學生當成「兄弟」看待，就難怪學生要造反了。

以上下關係爲軸心，接受過一次命令之後，以下的命令就很容易貫徹了，這是人類心理上的本性。「下令↓服從↓下令者滿意」此種公式一旦成立之後，可予人心理上的安定感，下續的命令也因而完全接受。人類心理上追求的安定感總是比不安定感來得強烈。

此種現象一旦習慣之後，就像戰前的日本軍人一樣：盲目服從成爲習慣且毫無反駁的機會。在某期間內，非讓手下或對方完全服從不可的場合，此種「惡用心理戰術」可發揮極大的效果。

若有比自己更優秀的部下，即將威脅到自己的職位時，徹底貫澈「命令——服從」的關係，就有可能壓制都下抬頭的機會。此種狀況下，命令不僅限於工作方面，即使純粹的私人事務，也須徹底地實行「命令」。

某位花花公子曾經說過，對已發生肉體關係的女人，絕對不擺出姑息的態度，在未發生關係之前的低姿勢，事過境遷以後已變成高高在上的地位了，而且保持徹底的「命令——服從」關係。「去做飯」、「去買包煙來」、「立刻到〇地方來」，就是這種態度，據說女孩子也並不會因此而不滿。

※對於狀極親密的討厭部下，微不足道的傳達事項也必須用命令口氣。

33. 使迷惑的對方下決心的心理戰術

有空閒時，我也常到商店街或百貨公司去流覽閒逛，碰到厲害老練的店員時，常常被說動購買其實不想買的東西，回到家裏才懊悔個老半天。例如想查明最近的流行顏色或式樣，而信步走入領帶部時，店員立刻走過來：「您是不是在找配合這套西裝的領帶呢？」

經對方這麼一問，往往自己竟違心的點頭稱是：「嗯！」逐漸被逼入非買不可的境地。也許店員們並非故意這麼做，但是進入領帶部門的顧客就是要買領帶的觀念，卻叫人受不了。有些店員更省略「要不要買一條」的試探口氣，直接進入「要紅的還是藍的」階段，在人類心理作用上，實在難以拒絕『買』的誘惑。」

一般而言，在說服對方的步驟上，第一前題是讓顧客「承認」要買，然後再請顧客選擇顏色、式樣。但店員突然立即要求你做第二項選擇時，您即陷入已經承認了第一前提的錯覺中，即對方讓你以爲第一前提是「理所當然」不用再贊述時，您便難以否認此既成事實，這就是人類心理的弱點所在。

例如您到好友家拜訪，若主人問您：「喝茶還是汽水？」即使您實在不想喝，但被如此一問，您已陷入非選擇一項不可的境界中了。喝點飲料不算什麼，若是外出購物的場合，則非花錢消災不可。目前造成嚴重社會問題的訪問推銷就是屬於此類。

他們事先調查有孩子正在就讀國、高中的家庭，然後前往拜訪：「升學考試的壓力實在太大了！府上的孩子數學差還是國文差呢？」使家長們產生不買他們的參考書不可的錯覺，而回答：「數學程度太差啊！」

這麼一來，他們就可以盡其在我地推銷更高價的書籍。但當家長們猶豫不決時，他們立即又加說明：「可以分成幾個月分期付款」。使家長們心甘情願的購買成堆的高價參考書，卻放在書架上發霉積灰塵。

※使徘徊於結婚邊緣的女性選擇相親或戀愛，她必立刻選擇結婚。

34. 使不熱衷的對方採取一致行動的心理戰術

冷酷心理戰術的技巧中，不管是「被耍」了，還是「耍人」，端視個人平日對人性觀察、社

會議專集

採取固定的死板形式，出席者的腦筋也隨之僵化。

在會議上徹底討論、無論結論如何誰都難表不滿。

你是否也同樣受騙！

最後來個「總緒」，卽使會議中一言不發，人家也認為您才氣縱橫。

俟參加者疲憊不堪時下「決定」，任何難題都能迎刄而解。

會風潮，或消費運動等關心度的深淺而定。女性的流行服飾就是最顯著的實例，前幾年的迷妳裙旋風橫掃全世界，似乎是誰不穿迷妳裙，簡直對不起全人類，現在還有誰熱衷此道呢？從這種流行的動向中，我們可以獲得什麼樣的教訓呢？由此可見人類希求與他人「雷同」，且不願被拋棄於團體之外的「同調性心理」非常濃厚。

利用人類的這種心理，若使非協力性的對手，或不熱衷的對手產生「同調」心理的話，必可使之全力協助，採取相同的步調。例如「大家都這麼做喲！」足使不做的人產生不安，引發「我也非參加不可」的心理。

某次內人向函購公司訂購某項產品，對方來電要求告知戶長工作地點的住址和電話號碼，因爲那家公司的制度是貨品送達立即就要收取現金，所以並無必要知道戶長的工作場所和電話號碼，可能是用來編列顧客通訊錄用的，內人覺得很可疑，遲遲不肯告訴對方，但對方不愧是商場老手，他說：「其他的顧客全都是如此做的，絕不會有其他不良企圖」，結果內人眞的全盤托出了。

像這樣想要求他人做任何協助之時，這句「大家都這麼做」最具效果。在兒童的世界中，他們最害怕的就是被排斥於同伴之外。「不能加入」最能使孩童產生顯著的不安心理。因此「隔壁小華也這麼做呀！」的說詞，是促使孩子行動最有效的台詞。大人的社會中，雖然不像兒童那般，擁有那麼強烈的不安心理，但是却一方面希望發揮與他人不同的個性，另一方面却更恐懼「只有自己一個人」脫離大衆。在這兒，就隱藏著冷酷心理戰術最香甜釣餌的人性弱點在內。

＊使不熱衷的對手協助，只須強調「大家都這麼做」就行了。

35. 以既成事實使對手難反駁的心理戰術

我們常聽人家說，東方人在海外旅行拙於購物。那是因爲過於相信對方的開價，而不會要求減價的原故。價錢並不見得多高，購物也用不著多深的語言程度，但竟有此種現象，實在匪夷所思。但我自己也中過同樣的圈套，吃過大虧，因此不能辯說自己就有多了不起。

某次前往購買禮物送人，一進入禮品店正好看到相當中意的香煙盒。但上頭却無標價，因此我拿起來問店主：「這種香煙盒一個多少錢？」事後回想起來，這種問法是吃虧的最大原因。店主低聲的回答：「一個兩百元美金」。我說：「太貴了」，店主則間不容髮地反問：「那您肯出多少錢買呢？」在我爲之詞窮的時候，店主拿出一個個的香煙盒對我說：「這種的比較便宜！」但無論那一種，顯然的都比第一種的品質還差。結果落得非以一百八十元美金購買第一個不可的地步，被決定價格的對手奪取主導權是「敗因」所在。

如果我一開始就問：「這種香煙盒五十塊美金賣不賣」的話，至少不會吃太大的虧。若對方回答：「這種價錢實在沒辦法」，最多花個一百塊美金了事。若店主先說出價格，則此價格即變成「既成事實」，而致使我們自己動彈不得，這就是我們在購物時吃暗虧的原因。買東西這種小事，店主利用人類心理機微的作用，而運用在會話方面，的確是冷酷心理學的行家。

某南極探險隊隊長嚴禁其隊員打痲將，但是由於隊員們的熱切要求，因此他也只好給予隊員們「下不爲例」的一次許可。他或許也考慮到玩痲將可能妨礙任務和研究工作，因此才決定只試一次。但結果却大出意料之外，隊員們知道下不爲例」之後，以爲痲將已完全解禁，一有空閒就大玩方城之戰，結果「試試看」不僅止於試試看，已成「既成事實」。對違反規則或禁止事項而言，若能要求對方：「我們要理解其正當性何在，請讓我們嘗試一次看看」，相信對方也必能接受，我們就可利用此空隙反客爲主，掌握主等權。

36. 以冠冕堂皇的理由使對方心甘情願做最棘手工作的心理戰術

從前有一陣子，日本曾經謠傳，若能收集七星牌香煙（Seven Star）上開封用的銀色錫泊，就能換取社會福祉的援助金。因此連不抽煙的婦女，也都向抽煙的男士們收集這種錫泊。只要稍微冷靜思考，誰都能發覺，這種謠言是騙人的把戲，但似乎煞有介事地收集這種東西的人，還眞是不少。大概是由於「社會福祉」的冠冕堂皇理由打動人心的緣故吧！我不知道這謠言來自何處，但首先製造此一謠言的傢伙，的確懂得人性所在，必然是個智者無疑。

以崇高的目標或冠冕堂皇的藉口爲幌子，不僅限於類似的場合，它是使說服成功的心理技巧之一。「君王論」的作者馬基維利就曾經說過，人類是被慾望支配的動物，但人類與其他動物相異之處，在於人類都在追求「正義」的假面具，人類只要有冠冕堂皇的藉口可茲利用的話，就可以安心的一如慾望所求而行動，在通常狀況下絕無可能進行的事，都可付諸實現。

例如在戰場上若無其事地殺死敵人的士兵，絕非平常就是到處殺人放火的犯人。正因爲有「爲保護所愛的祖國」的堂皇理由，善良的小市民在戰場上也必須殺敵衞國。例如最近被害者大量增加的惡作劇電話，也以「調查年輕女性的行動和意識」爲藉口，連平日正經嚴肅的女性也有問必答，這是因爲在電話上看不到對方的臉，同時協助「意識調查」的堂皇理由，也使部份女性鬆懈警戒心或羞恥心。

前一陣子日本建設業界的談合問題，在大衆傳播方面造成不小的風波，官商勾結的體質受到嚴格的批評。雖然有不少職員認爲其中不會有不正當的行爲，但要是事情涉及是「爲了公司」的話，個人的正義感早就隱而不見了。特別是公司意識強烈的日本人，在「一切爲公司」的堂皇藉口之下，企業犯罪當然屢見不鮮了。

此種心理結構用在使人發奮方面也將有效果。「從廣大的視野來看，這是重要的工作」，將目標放大，而使部下心甘情願地接受棘手工作者，才是眞正有才幹的主管。

※強迫手下進行困難的工作，只需強調大目標中的重要性。

37. 使對方道出眞心話的心理戰術

據說最近因丈夫退休而離婚的案件特多，且大都是由妻子方面提出離婚的要求，對於糟糠之妻的背叛，身爲丈夫的簡直如雷轟頂，不知其所以然。但就妻子方面而言，考慮離婚並非昨天、今天的決定，而是其來有自，當丈夫的不能了解妻子的這種心情，才是眞正的罪有應得——這也是一部份人士的看法。

像這樣似乎熟知對方的底細，但實際上却一無所知的實例，簡直不勝枚舉。受到對方的激烈反擊，雖知道總有這天會來臨，却又遣責對方，只不過是證明自己的無能罷了。我們常說「人類是戴著假面具」的動物，正如同表現個人性格、人格的用語 Pcrsonlity 一詞是由假面具——Persona 衍變而來一般，即使並非故意欺瞞對方，但是脫掉面具後的「眞相」也就是「本心」常是隱而不現，並不輕易示人。

一般來說，愈有才幹的人愈能令他人說出眞心話，能探知對方的心理就等於掌握領導權，但是反過來說，無論如何強迫他人說出眞心話，也絕無效果吧！因爲人愈被壓迫，便愈想隱藏自己。

使對手一五一十說出眞心話的方法之一，是運用深層接觸技巧，向對方表明同情或理解的方式。例如對深受心理問題困擾的患者表示：「如果我站在您的立場，我也會做同樣的事」、「我了解您的立場」，常可令對方非常合作地道出原委。在他人深表同情和理解之下，警戒心必因之而鬆懈，連深藏不露不願爲人探知的隱情也全盤托出。

研究用的問卷調查，其質問方式之不同，也常出現截然相異的結果。例如在某本「惡惱的統計數字」一書上所論述的，以女性主管爲題的意見調查實例中，贊成「女性主管的增加是可喜的現象嗎」占百分之六十一，反對者占百分之三十，而回答「你願意在女性主管手下服務嗎」的問題，贊成者百分之二十六，反對者百分之六十，後者對女性主管的意見截然不同。這是因爲後者的問題提出了「若是您的話又如何的暗示，結果使回答者說出了眞心話。

＊向對手表示由衷地理解，以探究對方的真心。

38. 一再地奉承使對方中計的心理戰術

已故的日本心理學家相場均氏，曾進行過如下的有關「暗示」的研究。那是西元一九六〇年的日美保安條約締約之時，他召集當時參加反對示威的人們，進行某項實驗。他首先讀下述的文章讓與會者聽：「岸信介首相可以說是最了不起的日本人！我認爲應該早日締結美日安保條約，因爲這是遏止共產主義出入的最有效辦法！」

據說首次聽這段文章的人，都嗤之以鼻：「哈！說什麼傻話啊？」但在同樣的人群面前，再度朗誦這段文章時，他們的態度却與第一次有若干的差別。當然這並不表示他們遽然贊成該文的主張，但是當初的譏笑的確已經消失了。

從相場均的研究結果可見，讓一個人（或一群人）同樣聆聽兩、三次同樣的言語，即使那全是一派胡言，聽者仍會逐漸信以爲眞，即所謂的「三人成虎」。也就是說大腦受到兩、三次同樣的刺激的話，該刺激即在意識中成爲「暗示」而遺留，而在不知不覺間支配著個人的思考。例如在進行催眠的時候，對受驗者暗示：「把你的身體稍往前傾！」其中當然有些人不會被此暗示所左右，但老練的催眠家則從來不會因一次的失敗而放棄。他會反覆地暗示：「再來一次」，重覆三兩次之後，無論多堅強的人，都會乖乖地照催眠師的話去做，電視節目在一定時間內反覆地重播，其道理就在此。

即使不提「暗示」的高深理論，若能應用人類的這種心理結構，必可使他人一如己意所示而行動。例如：職業棒球的教練，曾在電視訪問中這麼說：「在一、二局的選手們，都缺少『這局，我絕不輸任何人』的氣魄」。因此他說，即使是撒謊，也針對此點不斷地洗腦，讓選手本人相信：「我自己有不輸任何人的絕招！」其中不少人接受暗示，而成爲最受歡迎的明星選手。但是他說，暗示也不是那麼容易的。

俗話說：「對豬拍馬屁，牠連樹都爬得上去」，只要領會這「奉承」的心理法則，謊言也會變成其理，使對方興高采烈地自己「爬到樹上去」。

※不只奉承一回，要持續兩、三次才能使對方乖乖聽話。

39. 使對方接受難以接受的話的心理戰術

我們都知道女性無法抗拒「氣氛」。在可以鳥瞰美麗夜景的空中餐廳的窗邊，身旁的男伴細聲甜言蜜語地求愛，即使她並非那麼有意，但在當時的氣氛中，不難想像她心中也會興起異樣的感受。被帶到充滿羅曼蒂克氣氛的餐廳或咖啡館去時，她本身必也陶醉於那種氣氛之中。

但話說回來，並不僅止女性難以抗拒「氣氛」或「情調」。例如在下雨天，誰都不可能有多充沛的活力，但在晴空萬里的秋陽下，任誰都會有舒展筋骨、活動身心的衝勁。形成氣氛必須要有時刻、場所等各種因素，最重要的在於天候。

曾經使全世界陷入恐怖深淵的大獨裁者希特勒，可說是善用氣氛使人陶醉的天才。他最著名的手法，是特選在晴天的黃昏演說。天氣正好從晴轉陰的薄暮時分，進行威勢磅薄、辭藻動人的演講，每個人的批斷力正處於低潮，誰都很容易的就陶醉在他的言語中。巧妙地掌握此種人類心理結構的希特勒，其所以能成爲獨裁者，而發揮超人般的才幹，「絕非偶然，而是早有周密的計劃。

因此我們可以說，像「雨夜」就是可以大力活用冷酷心理戰術的絕佳自然條件。下雨的時候，心理學上所謂人類的積極水平極度地降低。人們不願在雨天外出，其原因也就在此，甚至不少人於雨天變得非常憂鬱。也就是說難以產生活動的情緒。被此種情緒所支配的人，即使想刺激他進行什麼活動，大概也不會有什麼結果吧！因此還是善用晴朗、充滿活力的氣候，才是聰明的辦法。相反的，在談判分手的場合，若利用「雨夜」進行，意外的都能獲得成功。女性比男性更易受到天候等自然環境的影響所左右。天雨所帶來的悄然氣氛，使對方難以接受的兩人分手的抗拒感低下。也就是說，活現的現實感完全被雨所包圍，而使自己處於像是悲劇中的主角般地非現實感之中，而終於完全接受難以接受的事實。

※欲與女性分手時，選擇悄然的雨天提出，對方的抵抗力非常薄弱。

40. 立刻與女性成爲親密關係的心理戰術

最近對女大學生所進行的「意識調查」的問卷調查中，有七成以上的人回答：「每天一通電話的男孩子，比每週只見一次面的男孩更叫人感到親近！」

從最近女方主動積極追求男方的現象已不足爲奇的現代風潮來看，對這種調查的結果一定有許多人感到意外。一提到戀愛，女性的心理仍是千年萬古不變，一般的女性仍是居於「受身」的地位。亦即女性最關心的是，對方那位男性對自己到底有多麼關心，而其程度則只在於接觸的頻度而已。就女性而言，無論你表示多大的關心和熱情，但每週只見面一次，總叫她們產生不安感。也就是說其他的六天「是怎麼回事了呀？」

在不見面的日子，對方是否仍然同樣地關心我？還是另外去找別的女性消遙去了呢？這都是她們心中的疑問。因此每天不厭其煩地打電話讓她們確認：「對方的確還對我們很關心」，而絲毫不憂的男子，才愈能贏得她們的芳心。從前電話不普及的時代，仍然有書信可資利用，當時一年寫三百六十五封情書的男人也不在少數。

我經常在附近的理髮廳看到的女性週刊雜誌上，刊登某明星就是充份地活用這接觸的頻度，而博得芳心的軼聞。從照片上看，那個傢伙的確不是女性心目中的白馬王子，但據說無論多忙碌，他每天必打電話給追求中的女朋友，尤其是因病而臥床的女友，一接他的電話，簡直恨不得立刻飛奔到他的懷抱裏。據說他就以此周旋在十個女人左右之間。

某名歌星追求他目前的太太的手法，也是當年每天一通國際電話訴衷曲而終贏得芳心。看樣子，男女間要眞如七夕的牛郎織女般，一年見一次面的話，還眞沒搞頭呢！

※讓女性認為自己是「被愛」的話，則每天一通電話，以保持接觸頻度。

41. 使對方不認爲強制的心理戰術

許多家長均以孩子不肯聽話爲惱，但某次我拜訪友人家時，即看到令我感動的一幕，只要母親稍指示，孩子們即毫無異議地樂於幫忙，據我當時所見，巧於掌握孩子的母親，其秘訣在於指示的方式。這位母親絕不用「去洗盤子」的命令型，而使用「有沒有人幫媽媽洗盤子啊」的疑問口氣。

也許有人懷疑，這樣說就能使孩子依令行事嗎？其實正是那些認定孩子不肯聽話的家長，才會強硬地命令孩子做這個做那個，強制性地逼迫孩子。相反地說，愈是強制孩子他愈要反抗。

不但小孩子，即使是成人受到他人強制，通常也都會引起心理上的抵抗。因此，同一件工作，自發地進行，與被迫去做所產生的致率，必截然不同。再說，受到強制也易於產生不滿，因此，前述那位母親，不採直接的命令形式，而採疑問式，使孩子能夠「自行」選擇答案，而產生幫忙的意願，的確是個了不起的母親。這至少不會使孩子有「受強制」的印象、產生無謂的反感。

然而，不用命令而改以疑問口氣，使強制變成非強制，豈不是「欺騙」孩子的行爲嗎？事實不然，此種改用另一種口氣的心理技巧，也同樣適用在大人的場合。例如要求手下做其不願去做的事時，不是用「喂！這件事你去做」，而是用疑問的方式：「這件事幫我做一下好不好？」相信手下的感受也有天壤之別。

我有一位朋友，在要求手下做非份內工作時，也慣用此種方式。他表現得更徹底，親自走到手下桌前去：「如果能幫我做這件事的話，我眞的感激不盡！」即使是最討厭的工作，手下也會回答：「沒問題，包在我身上！」像這樣愈間接地表現命令，愈使對方感受到「被強制」的印象稀薄化。但如果過度地運用這種婉轉的命令，您便有被部下瞧不起之虞。有才能的上司能夠善加區分命令與疑問型，而交互使用。

＊強制手下做討厭的工作時，疑問式比命令式更有效。

42. 使對手的判斷逆轉的心理戰術

我曾經召集二十個國二學生，做過如下的實驗。實驗相當簡單，基本上讓他們看兩根並列的線，並依序要他們回答，左右那條線比較長。實際上二十人之中，只有十人是受驗者，其餘十人做爲對照組，同時左邊的線實際上較長，但事先指示對照組的十人，在被問時回答「右邊較長」，並將此十人排列於最前面。

俟對照組的十人全答「右邊較長」之後，從第十一人開始的實驗組之回答，十人中有八、九個竟然跟著回答「右邊較長」。

從這個實驗可以得知，團體壓力如何地扭轉個人的思考方式。判斷此實驗中受驗者的心理，在面對自己所判斷的「左邊較長」，和團體判斷的「右邊較長」之折衝間，不難想像其所受到的瓜葛。結果利用「服從團體的判斷」來消除自己心中的瓜葛。

換句話說，人類具有一旦周圍的人把白說成黑，而自己就深信其爲黑的心理傾向。團體的壓力，有使人判斷錯誤，指黑爲白的潛在壓力。在此種狀況下，惟有個人主張其爲白色，的確是相當困難的事。能夠突破此團體壓力者，非自我意識相當強烈，同時對自我判斷力絕對擁有的自信者絕毫無辦法。

前幾天在某雜誌上看到一幅利用團體壓力而愚弄討厭的上司諷刺漫畫，不禁苦笑。該課全體職員聯合把時鐘撥快一小時，且告訴上司：「已經六點鐘啦！」上司看看手錶，奇怪地說：「不是才五點嗎？」但因爲全課的人都一口咬定是六點鐘，因此那天大夥兒比往常提早一小時下班，

上級者專集

花點心思後，屬下的創意
就變成自己的東西了

給予單調乏味的工作，
粉碎了部下的才華

你是否也同樣受騙！

強調「非你莫屬」便可簡單地調他處就職

屬下們的情緒不平，利用提案檢討使其煙消雲散

該上司還說：「這手錶非送修不可了！」

如這漫畫所示的行爲，其犯過尙屬輕微的玩笑性質，但類似周圍人異口同聲地主張，常可意外、容易地左右對方對自己的意見做一百八十度的逆轉。團體壓力的魔力可以從日本軍閥發動太平洋戰爭刼後餘生的日本人口中窺其倪端：「那時候從沒想過侵略戰爭是不人道的可恥行爲。」

※群體衆口鑠金可簡單地改變對方的想法。

43. 使女性不禁答應的心理戰術

沒有人想勾引小姐上床，却又隔著桌子說瞎話吧！高明的花花公子，在此種場合，必是製造機會使兩人並肩而坐，並「自然而然」地使身體能夠保持「接觸」的狀態。

古來所云的，欲說服女性，惟有保持身體的接觸的說法，的確頗具效果。因爲容許對方進入自己的「身體區域」之內，也就等於默認「接受」對方了。身體相接觸，也就等於與對方之間有「親密感」。女性最不擅於理論性的思考，全賴於感覺和直觀性來判斷，因此，多數人才認爲利用此種方式最能奏效。無論如何，身體被觸摸即產生能夠「接受說服」的心理結構，是男性身上少見，但却是女性特有的心理傾向。

因此，以女性顧客爲對象的販賣業，必定趨向此種技巧。因此他們無不利用千方百計，找尋能夠「合法地」觸摸女性身體的機會。

例如某本銷售方面的著述上，記載著一位高級婦女鞋店的資深店員，當客人在試穿時，邊問客人：「大小合適嗎？會不會太寬太窄？」邊用手從鞋子上親切地撫摸足部。

此外據說，在百貨公司的婦女服飾們工作的男子，甚至在試穿室協助客人把背後的拉鍊拉上。當然這種方法，必須以解除女性的警戒心爲先決條件，但此種接觸身體的方式，却使他擁有同業稱羨的銷售業績。

此種女性戰術，稍有差誤反而全盤皆輸，若對方稍感到厭惡的話，辛苦建立的關係，必就此全毀於一瞬。前述的婦女服飾販賣店員，十人中有六、七人採用此種方式，但其中也不乏「才不吃這一套」的小姐、太太。應付此種女顧客是在不勉強的狀況下，聽其自然。由此也可見，與女人相交接並非易事。

※與她並肩而坐，自然而然地身體相接觸，倍增說服的效果。

44. 麻痺他人良心的心理戰術

也許這本書的讀者全是嚴肅正直的人士，但我相信至今爲止從無犯過任何錯的人，大概還沒有吧！例如火車公車的逃票行爲。這是相當嚴重的犯罪行爲，但據通車的學生們說，沒逃過票的人才奇怪呢！逃票是逃票，但他們可不會到商店去偷人家的東西。

爲什麼逃票不會引起犯罪感呢？其中一個原因是被害者是誰，無法產生具體的形象。若說鐵路局是被害者，鐵路局的範圍又太廣了。對一般人來說，鐵路局只不過是個抽象的存在罷了。

某心理學家曾在「續逆轉的發想」一書中，明白的指出，對抽象的存在，人易於喪失罪惡感。他主張「非人格制度的人格化」。他以失業保險爲例，毫不爲恥而心安理得地領失業救濟金的人們多如過江之鯽，這是因爲錢是從非人格系統的政府機構所領得，也就是根本不知道這些錢是由誰所付出的，心理學上也頗認同此點。

逃票的例子亦如此，巨大組織的抽象存在體，是非常缺乏現實感的。對於欠缺現實性的對手，人類心理中，隱藏著毫不在乎地做任何事的「惡劣」的一面。

密爾葛萊姆曾做過著名的實驗，揭發每個人心中都有的這種「惡面」。受驗者對隔室的人提出問題，對方答錯的話，就以電擊處罰之。對方答錯的次數愈高，電流的強度也愈提高，可怕的現象是，受驗者已超過危險信號的紅燈，他仍毫不在乎地壓著處罰的電流按鈕。但如果讓他聽得見鄰室的不平之聲或痛叫聲，或者兩人同處於一室的話，受驗者抗命的比率大爲增加。也就是說，同處一室可與對方在現實上相結合或對被害者移入感情，因此再也無法毫不在乎的繼續壓按鈕了。

從此實驗可以證明，只要稍爲蒙蔽狀況或視線，即可格外簡單地痲痺人心。但我並不想鼓勵各位這麼做。

千萬不要使自己的良心遲頓到認爲「那是社會的錢」，拿來用用有什麼關係。

＊使被害者的實體模糊化，即可令人不覺罪惡感。

45. 使對立者轉變成協助者的心理戰術

現在可能比較少見了，以前在同學會、同鄉會的宴席上，常令大夥兒齊聲合唱童年的歌謠或故鄉的老歌。尤其是中、老年的人士，曾經歷過二次大戰的堅苦歲月，對生活有著嚴肅的共同體驗，在內心深處更有著極爲強烈的同件意識。

本來所謂同件，是指採取共同行動的人而言。遊樂的同件、酒件、登山同件，棒球同件全屬於此。換言之，惟有互相之間採取共同的行動目標，才得以萌現同件意識吧！因此，無論立場如何不同，只要是擁有共同體驗者，即使歷經多長久，仍繼續保持著同件意識。當其體驗是既特殊且又艱困時，其向心團結力愈強。

從人類的這種特殊心理來看，使對立者轉而成爲自己的協助者，其實也非難事。某房地產公司的經理告訴我，銷售土地，通常須花兩天的時間說明，並示閱各種有關文件。在他們的事業界有句話：只要能夠藉助顧客之手自行翻閱所有文件的話，生意可說已成功一半了。

爲什麼呢？讓對方參加自己正在進行中的行爲，使其獲得共同的體驗。讓想聽自己意見的對手，或拿說明書或分配公文，總之在於使對方也做一點事。這即是實際借助其人的協助，在心理上也等於誘其至自己的一側來了。這些單純的口頭說明增加了三、四倍的成功率，可以說是強迫對方的心裏產生同件意識的心理戰術。

由此可見，在公司的會議上經常與我們大唱反調的傢伙，在準備會議資料時，要求對方協助也是一種方法。「把這些資料用釘書機釘好！」「麻煩你把這些資料分給各參加者好嗎？」只要對方接受你的請託，在那一瞬間，他已從您的死對頭轉而變成近似於協助者的人物。

＊利用些許巧妙的動作，使非協助的對手，在心理上成為您的支持者。

46. 使對方產生無窮購買慾的心理戰術

海外觀光旅行，必定在行程裏頭安排有「購買土產」的時間在內。若購物時間安排得不夠充份，據說旅行者常大表不滿。看到什麼就買的結果，常使松山機場的出境大廈口看來像個菜市場。

我自己從前海外旅行時，也有購物的習慣。但並不見得買回來的都是好東西，常是回家後才後悔為什麼連這種毫無用處的東西都買回來了呢？又爲什麼人們如此時興海外購物呢？

我認爲這是由於大部份人把海外旅行當成一種特別的體驗來看待的結果。換句話說，很多人易於在無意識之中考慮：「也許沒有機會再來第二次了吧！」因此陷於萬一錯過最後機會，則無法買到同樣東西的特殊心理狀態中，終於連不必要的東西也大買特買。

仔細地分析，使對方連不必要的東西也想要，是做生意或推銷方面的關鍵。因此惟有使顧客處於類似「海外旅行」的心理，才能使推銷成功。

這是我自己的親身體驗。某星期天我獨自在家，聽到有人在叫：「有人在家嗎？」開門一看，一位沿街叫賣的婦人站在門口。我一說：「請問有什麼事？」她立刻接口說道：「先生，我有些今天剛抓的烏賊和鮑魚，只剩下這些，算你便宜一點好啦！」看看眞的很新鮮，叫人垂涎欲滴。

「今天生意眞好吔！府上是最後一家，這樣啦，這些全拿去，算你三百塊好了！」

我則不知不覺的掏出錢包，拿了三百塊錢給她。

買來的烏賊鮑魚的確新鮮，價錢又不貴，而最叫我感動的是該婦人深懂人類心理機微的銷售術。她不說：「要不要？」而說「我有……」而且：「今天生意眞好，府上是最後一家，只剩下這些而已！」

她這麼一說，只要對該商品稍有興趣的人，都會認爲不買可惜，即使當時不需要，也會出手買下了。

※強調「只剩這些」、「這是最後的」，使對方認為買下不必要的東西也划算。

47. 擾亂對方對事物的價值判斷的心理戰術

我自己對盆栽毫無興趣，但根據某位從事盆栽生意的朋友告訴我，愈高價的盆栽銷路愈好。據普通人並不了解盆栽價格的高低因何而定，因此若非眞正的內行人，可能吃悶虧還沾沾自喜。據說他有一位朋友，因廉價的盆栽銷不出去而大傷腦筋，窮極無計可施之下，只好將那些盆栽貼上高價的標籤，沒想到如此一來，銷路却出奇的好。

只要本人滿意的話，還管他人怎麼批評。但從鑑賞的眼光來看，對廉價的盆栽無微不至地照顧的光景，使人想起漫畫中的諷刺鏡頭。但這種可笑的愚蠢現象，在我們日常生活周圍，不也常是茶餘飯後的笑話嗎？那些得意洋洋地戴著假鑽戒炫耀的暴發戶夫人，贗品花畫擺在客廳裝飾，卻每天心滿意足地眺望、欣賞的大老板，實在不乏其人。

當然，良品、眞品比劣品、贗品更來得高價，因此若想販賣良品、眞品的話，把價錢提得愈高，愈是上策。事實上採取此種高價政策，提高商品聲譽，而成功致富的販售高價商品的企業家更是不少。

但要注意的是，並非高價物品就是良品或眞品。東方人對高標、廠牌特別鍾愛，似乎認定著名廠商的高價品就是眞正的良品。因此才會有「僞造商標」的贗品四處橫行，也難怪人家說我國是贗品的天堂。

以前日本的NHK電視台很受歡迎的節目——「生活的智慧」，曾做過日本人的商標測驗。把廉價的手帕排列出來，一律貼上「瑞士製」的標籤，另一組則貼上默默無名的商標，要求幾位主婦回答何種較佳。幾乎所有的主婦都回答「瑞士製」的較好，其理由是布料、設計及觸覺上的感覺都比較好。相反的，在眞正瑞士製的手帕上，貼以日本製的標籤或廉價標籤，其價值則一落千丈。換言之，商標廠名或價格可使人的判斷力也爲之混亂。

另要有「高價品就是良品」的固定觀念存在，即使是贗品也能大行其道，到處受歡迎。而想廉售高級品，反而讓人誤以爲是贗品呢！

＊標明高價可使贗品勝過真品。

48. 使對方產生好感的心理戰術

每個小學大概都一樣吧！在我擔任校長職務的某大學附屬小學來說，迎接新學期的開始，老師們首先要做的第一件事，就是牢記每個班上新生的名字。

因爲新學期首次見面的老師，就叫得出自己的名字，對孩們來說眞是再高興也不過了。「老師如此地關心我們」的興奮感，使面對到老師的孩子們也因之鬆懈了緊張感，轉而產生對老師的信賴感。孩子們對老師是否信賴，決定學習成績的高低，以及年度教學是否能夠順利地進展。

不只小孩，身之爲人，誰都想得到別人的關心，這是心中「悄悄的願望」。被關心就等於自尊心得到寬慰。例如拜訪公司的時候，接待的小姐在第二次就立刻認出並叫出您的名字，您必對那位小姐深懷好感，同時更產生該公司是個相當不錯的好公司之印象，這都是由於對方對自己表示關心所致。那些尊重我們自尊心的人們，使我們在不知不覺間，對他們深具好感。

能幹的接待小姐或老練的職業販賣者，都能牢記顧客的相貌和名字。並且針對人類欲求他人關心的心理結構，運用技巧使顧客產生購買的念頭。此種場合最常使用的是強調「特別爲你……」，也就是說「不爲別人，特地是爲了你，才……」這種說詞等於暗中強調「對你的關心」。

實際上，「因爲是你我才特地推薦這種…」、「這種東西只有你才適合」等，這種「特地爲你而設」是一切販賣的基本技巧，說中對方的自尊心的話，即使深知那是販售技巧，也不會引起他人的反感。

例如那些販賣戒指的行家，開口就說：「哎呀，您來的眞是時候，正好有個最適合您的戒指」。然後就把戒指給套在顧客手上。女性一旦陷入「特地爲我而造」的錯覺的話，即使是廉價品也都視之爲高尙品，甚至不惜重金也非買下不可。

＊強調「一切是為你」，使人誤把不值錢的商品視為高貴的商品。

某騙婚案的手法

年過五十歲的騙婚者，欺騙一個三十歲的職業婦女的手法是這樣的。他首先在市中心的鬧區，專以兩人爲伴逛街的女性爲目標。並將兩人誘到咖啡店內拿出名片，除自我介紹是住在南部的實業家之外，並「誠懇」地說：「事實上是因爲妻子重病已不久人世，至少也買個鑽戒什麼的送她，以盡人事。但我自己却不會選，所以……」且因此約好兩個女孩子第二天去選購鑽戒。同時並用紅鉛筆在有記號的時刻表上勾畫，以表示他是個大忙人。

第二天約定見面的場所，是某一流飯店的休息室，他故意比約定時間到十分鐘。

在珠寶店時，他與店員商量，「我只有三十萬現金，其餘的用支票可以嗎？」結果他又裝出實在不知如何是好的神態，對兩位小姐說：「實在沒有中意的，這樣好啦！今天傍晚我就可以把工作處理完，請妳們在○○大飯店的休息室等我好嗎？」

她們當然再到該飯店去啦！如此頻繁接觸，取信於她們之後，來個各個擊破，以其中一人爲目標。最初原本是好友的兩人，也逐漸地互生敵意，彼此視爲敵人，一旦只邀請自己一個的話，當然樂不可支地立刻答應。結果是人財兩失，悔不當楚。

第三章 令對方轉移目標遵循我們指示方向前進的心理戰術

49. 使異端份子均質化的心理戰術

西方人常說，日本的政治有許多方面是不合常理的。在西方人眼中看來，日本總理大臣的決定法、組閣法，簡直令人感到莫名其妙。許多人指責，日本組閣的方式完全是派閥均衡的產物，而非由人的實力或適性所構成。

最明顯的是當時的各主流派，巧妙地將異端份子的大人物們納入內閣之中，以緘封反對的聲浪。而且並非讓反對派的頭頭當外務大臣或大藏大臣等中心角色，頂多幹個經濟企畫廳長官或行管廳長官等等，雖非重要職務，但仍須要一點能力。

政治集團不愧熟知人類心理之極深處，連封殺異端份子的做法也無懈可擊。無論是內閣或其他機構，集團有使人類等質化（均質化）的機能。團體會自然而然地產生統一各成員意志的力量。

團體之中有異端份子時，結果如何呢？即使內心裏極力地反對，但既然自己已加入集團，就無法極端地跳出其範圍之外！若被納入集團後，又大肆地招搖反對，或許將招致排斥，成為製造混亂的罪魁禍首。因此，在潛移默化之中，異端份子的論調漸趨溫和平穩，也就是形成了等質化。

此種技巧不僅被運用於政治社會中，在工作場所裏，偶爾間也發揮極大的效用。假定公司裏頭有頑固的異端份子，愈想認眞地競爭，就會愈遭致對方反對的聲浪，處理工作便異常困難。此時須極力忍耐不快的情緒，使對方積極地參加公司的重大決定等會議。

也許他會在會議上大唱反調也說不定，但是會議是決定方針的組織，與會人士大部份都是與他持相反論調的人，因此對異端份子而言，除却他踢席而出以外，在不知不覺中，必受到團體的等質化機能之影響。結果即使心中存有不滿，也必趨於和他人的意見一致化。

最有效的方式，是使異端份子在團體中擔任某一職務，例如書記或發表者等等。在團體巧妙的「冷酷心理戰術」同化之下，他愈無法做出背叛團體的行爲。

※使組織中的異端份子積極參加會議，使其異端之牙逐漸遲鈍。

50. 化敵爲友的心理戰術

在一次工作告一段落的空檔時間，偶然欣賞了一部西部電影，是相當有趣味性的作品，其故事的內容是這樣的：

主角警長與流浪到鎮上的緝兇領賞者，兩人視同仇人，經常處於一觸即發的狀態之中。正巧這個時候來個消息：一夥從聯邦監獄脫逃的銀行搶犯，正向鎮上而來。爲首的賊魁懸賞達五千美金。警長視爲自己的職責所在，領賞者卻視之爲發財的機會，兩人都必須與盜匪一決死戰不可，但是從對方的人數來看，著實非一個人的力量可以降服。

於是，兩人間原本衝突的利害關係，不知不覺成了互爲協力的體制，兩人聯合共同對付盜匪。最後的結果，仍免不了一場激烈的槍戰，兩人漂亮的把盜匪殺光。然後這兩個人成爲肝膽相照的好友——故事就這麼簡單。

這部電影的重點，在於對立的二人，由於擁有共通的敵人，而自然地和解、攜手合作。眼前的敵人愈大，人類追求協力者的心理作用也愈強烈。此時對共同敵人利害的一致，便促使彼此做更強力的結合。在此種狀態下，即使雙方是如貓鼠般的死對頭，也能格外爽快的握手言和，對付共同的敵人。二次世界大戰中美國與蘇俄的聯手即爲一例。從反面來探討人類的這一心理法則，若想與對立的死對頭攜手合作，只要製造出「共同的敵人」就行了。

日本社會心理學家成城大學教授石川私義氏，曾經運用這種方式，而成功地改善了受噪音騷擾的環境。

石川氏當時住在公寓裏，樓上住著一位業餘作曲家，持續的鋼琴聲吵得他無法靜心寫作。雖然他屢次想提出抗議，但兩人始終無緣見面，而且總不好意思登門直說。於是他心生一計，製造與樓上住民共同的敵人，他打電話向國宅處抱怨，同時更寄給他舖於鋼琴下的隔音板樣品，實際地試驗。如此一來，石川氏得以限制樓上住戶「定時」彈鋼琴的。

＊欲化敵為友，只有找出兩人共同的敵人，把箭尖指向他。

51.消除對方不平不滿的心理戰術

某超優良企業公司的董事，告訴我該公司有奇妙的設備，特製與各級主管一模一樣的玩偶，以供職員們毆打出氣。職員們如果想出一口悶氣的話，大可不用客氣地揍那些玩偶。等他們打得額頭冒汗的時候，對上司的不平不滿也隨之雲消霧散，情緒也轉變得更爲舒暢。

雖然看來可笑，但是在消除人心的不平不滿方面，這不是頂卓越的巧妙方式嗎？在團體組織中，只要其成員累積不平不滿，就什麼事都無法順暢地進行了。不平、不滿、失望，經常需伴隨著感情上的宣洩，以化解、消除這些不平不滿。

在心理學的領域上，排出與不滿同時產生的感情能量，有三種方法。第一種就是常在酒後彼此對上司大肆抨擊大表不滿一般，將心中屯積的不快，實際地利用言語一吐為快。在管理手下的立場上，必定經常得運用這種方式，讓部下發洩悶氣。

第二種是利用物理性的肉體行動發散法，前述的毆打上司玩偶就是個絕例。

第三種是使不平不滿文字化的方式，這種方式的最大效用，在於運用文字可整理出不平不滿，也就是使原本憤怒不平的情感，轉成理論的程度，使問題明確化。

某職業棒球隊的領隊K氏，就是巧妙地利用使部下心中的不平不滿文字化，而促進組織活性化的代表性人物。K氏深知隊上擁有發言力的有力選手，若是對首腦幹部不滿的話，必定會使全體的脚步為之混亂，導致全隊崩潰的危機。因此他想出讓選手們將不平、不滿以書面方式提出的策略，並立刻付諸實行。若選手們提出的意見中，有特別貴重且深獲好評者，即給予獎金鼓勵，K氏突破人類心理的管理能力的確卓越非凡。

結果此種提案制度，不惟單純地發散感情能量，並防止選手們的造反，同時對球隊改善也貢獻宏大，可說是一石兩鳥之策。

※消除化解部下的不平不滿，利用書面自我提案可收意外的效果。

52.以同伙的三言兩語化解對方攻擊的心理戰術

在一個家庭中，婆媳之間對立的時候，理應是站在婆婆一方的兒子，如果採取掩護妻子的態度，結果會變成如何呢?婆婆會認爲兒子被媳婦所媚惑，原先就強硬的態度必更爲強硬化。因此，兒子大可先聲奪人，在自己母親面前批評妻子。如此，婆婆的不滿不但得以借兒子之口宣洩，同時更因此使婆婆產生同情心，既然兒子也這麼說過了，我也用不著再多加指責了。

這是人類一般共通的心理，所謂「干戈隨死者而消」，無論對方是如何地罪孽深重，一旦陷入明顯的不利狀況之年，東方人很少會有再狠心地予以落井下石的傾向。即使連法官的判決，也有如此地觀念：「犯人早已備受社會的指責、批判，也收到社會性的制裁，稍減一點罪吧！」

從這兒我們可看出冷酷心理戰術重要的另一暗示。極端地說，若想巧妙地躲避敵人的攻擊或批判，可利用伙伴在敵人面前反覆地評判自己。不問東西方，執政黨內部出現危機，執政黨的議員即將遭受在野黨的集中砲火攻擊時，執政黨常自我先行攻伐。並向外宣傳這是爲求確立政治倫理，將其排除於執政黨之外。如此一來在野黨的攻勢必爲之銳減，即使嚴詞指責，也予人放馬後

手下專集

讓討厭的上司知道你手中擁有許多把柄。

零零碎碎地追究上司的惡行，
提高對手的恐怖感。

你是否也同樣受騙！

佯裝樣樣不通，讓上司過足指導癮。

客套話之中，指摘一兩個缺點，
使客套看來更真實。

砲之感，已欠缺凌厲的威勢了。

在電視上常見的時事評論等亦然，被訪問者大快人心的時事評論，可說就是這種心理結構的運用。電視前的觀衆，因那些所謂的專家學者們，直截了當地剖析自己經常感到的不滿或疑問並一語道破，因此無不撫掌稱快：「是嘛，就是說嘛！」不少人欣賞過這種節目後，情緒變得更加暢快，工作起來更加地勤快。

但也有不少人巧妙地利用這樣的情緒發洩在輿論方面。例如輿論中不滿的情緒高漲，若採取高壓的抑制政策，總有一天，其不滿的情緒必爲之累積而爆發。

因此在解消不滿的作法上，經常利用機會，使人們的不滿能有小規模的發洩。全體人民則在這種小規模的發洩過程中，降低不平不滿的情緒，結果就無法聚集成龐大的批評勢力。

※利用同伙攻擊同伙，以嚴防敵人的凌厲攻勢。

53. 揚小惡以隱大惡的心理戰術

數年前在日本造成騷動的KDD事件，大概各位仍然記憶猶新。事件從日本成田機場海關的

KDD職員被檢舉走私開端，調查結果發現，巨額的貪污和上層組織的腐敗終於公諸於世，導致KDD的整個骨幹爲之動盪不安的大事件。

當時的大衆傳播，每天大幅度地報導事件的內幕，其中備受各方集中火力指責的，是公司老板連鞋襪都用公款購買。公私不明的侵占公款行爲業經發佈之後，大衆傳播毫不留情地嚴詞指責，大批的讀者投書湧到報社。

這次事件的經過，我感興趣的是一般大衆對此事件所採取的方式。多數人只不過莫名其妙地把注意力集中向該公司老板微不足道的區區數百元的盜用公款行爲，甚至於成爲人們茶餘飯後的主要話題。結果數千萬元鉅額的貪污犯罪，却反而受到人們的忽視。換句話說，KDD這個公司，用「揚小惡以隱大惡」的戰術，成功地瞞過全日本國民對惡大犯罪的關心。

意圖性地以小惡爲最明顯的擋箭牌，以隱藏大過大惡的例子，並不少見。爲什麼揚小惡隱大惡能夠成功呢？因爲以小惡滿足敵人的攻擊之後，敵人必因之而忘却再度的大目標攻擊。以KDD事件爲例，數百元的犯罪是每個人觸手可及的數額，但涉及於數千萬的鉅款，與日常人們所能運用的金額差距過高，因此對一般人而言，那是現實感相當薄弱的話題，並無法激起憤怒。從前日本的三億日圓竊案亦復如此，同是小偷的罪行，但如果其偷竊的數額過大時，反而被視之爲英雄呢！

反而言之，若是到處宣稱「我是個壞人」的傢伙，您就得多加留心了，說不定他正想隱瞞些什麼樣的大惡。其中當然也不乏刻意要當個「僞惡者」的人，但大部分此種人可說是屬於大惡棍。雖然有些政治家們經常涉及醜聞，但仍有辦法讓自己的支持者佩服：「不愧是個大人物」。這也都由於政治家們大都有恃無恐，並不畏懼自己的大醜聞會暴露在選民面前所致吧！

※利用暴露小惡轉移敵手的攻擊方向，以隱瞞大惡。

54.麻痺對方猜疑心的心理戰術

首次見面的人，無緣無故的親近你，並立刻顯示熟稔的態度，我相信任何人都會起疑心：「這傢伙大概有什麼詭計吧！」但有些職業，在初識時非突破對方的壁壘絕做不了生意。其中之一就是新聞記者，突然闖進他人的生活領域，同時非追根究底控掘最深的內幕消息不可，就有其職業性的一套功夫。

以某資深記者爲例，同往台北市內採訪新聞，也因所去地點是西門町或郊外之不同，而換穿不同的服裝。可能範圍內，儘量製造與對方生活環境相配合的氣氛，用字遣詞也小心翼翼，並極力地強調與對方共同的地盤或體驗，以期對方把自己視之爲「同類」。對方故鄉在鹿港的話即說：「我有位好友也住鹿港」，或「我太太娘家也在鹿港！」反正極力找出共通的部份。若彼此有共識的友人，不用說，立刻就形同舊知故友般地親熱了。

也許因爲社會結構和生活習性使然，與歐美人相較之下，東方人對於非親非故的局外人，表現得非常冷淡，常抱著不必要的猜疑心。可是一旦了解局外人原來是自己人的話，即使是初次見面，也彼此表現得親切有加。彼此都將對手歸納於共同地盤之內時，不用多言也能產生自然而然的信賴關係。例如在權謀術數的波濤中沈浮，「非我說類」不容近身的政界中，若是地緣、血緣關係者，或學校的同學等人物，却很容易就敞開胸襟，產生關係。換言之，可說這些政治家們，無不都是積極地利用人類各種心理。

此種共通地盤是痲痺人類猜疑心的典型實例，可說是近乎騙子的技倆。前一陣子轟動社會，以台大畢業生招搖行騙的大騙子，就是以其僞造的學歷接近大官顯要社會名流，以達成其詐欺的目的。

共同地盤、共同體驗，就是能如此輕易地欺騙對方，也具有令自己不能置信而誤以爲眞的魔力。

＊強調籍貫、學歷等，以麻痺對方的猜疑心。

55. 拉攏不滿份子成爲同伴的心理戰術

推銷員的世界中，有所謂「將反對的對手培養成推銷員吧！」同時這也是他們的重要推銷策略之一。例如，假設最強烈反對買車子的，是因家計的各項入不敷出而煩惱的家庭主婦，並假設推銷員列舉各種有車的方便，終於成功地說服強硬反對的主婦，這時候原本反對派的主婦，就是自己最強力的伙伴。

最反對某種意見的人，一定有其深切的理由。可說反對派的所有意見，全部集中成那個人的強硬意見。反對派的抵抗愈爲強烈，拉攏成爲支持者的可能也愈大。要想使反對於成爲贊成派，需有足以說服對方的充份理由，同時以絕對的魅力說服對方。不論本人是否意識不滿份子的領袖，才正是最有力的說服者。

許多工商企業人士深知人類的此種細微心理，而成功地反制不滿份子。某電器公司的創始人可說就是其中一人。經營者與工會本來是最爲對立的關係，但是某N電器工會的工會領袖，卻是N工會的最支持者。

N公司欲製作一套制服，却受到工會領袖的強烈反對，但N公司的主持人却巧妙地說服該領袖，而由該領袖說服其他的反對者。事後據該工會領導人表示：「也許因爲我是反對派中的中心人物，所以先從我下手吧！但是由我來說服頑固的反對份子的這種做法，的確是相當要得的手段。」，N電器公司從無勞資糾紛，其原因大概就在於主事者能夠拉攏反對者吧！

※為求保護自身，先拉攏最反對自己者成為支持者。

56. 消除對方憤怒的心理戰術

英國律師包斯威爾所著的傳記小說傑作「撒米爾・詹森傳」一書之中，曾介紹如下的小故事。

發現詹森所出版的辭典中有錯誤的某婦人，意欲向詹森興師問罪而去找他。「像你這樣的人，怎麼可以做出這種事呢？」受到婦人嚴詞指責的詹森爲之語結，只得不住地道歉：「對不起！眞是慚愧，您所指責的我根本毫不知情！」詹森這種誠懇認錯的態度，連有意前來找碴的婦人，也諒解地返回了。

在此故事中，詹森本身有錯，但對方正在氣頭上，即使自己有最正當的理由，想極力爲自己辯解或說服對方，充其量只是徒然增加對方的憤怒，火上加油而已。在這種節骨眼中，首要的在於承認自己的過失。通常人們在說出想說的話而發洩怒氣之後，就轉而想傾聽對方的說詞。若能抓住這機會，明快地顯示己方的理論的話，起初表現毫不讓步的強硬態度的對方，也會意外爽快地諒解。

有次我應某公司的請求，代爲解決有關電話使用債的麻煩。有很多用戶在接到自己所不記得的超額電話費繳費通知時，常到局裏去抱怨。結果雙方鬧得不歡而散，用戶甚至拒不繳費，該公司請教我，這種狀況應如何解決才好。

據我調查結果發現，似乎是該公司職員的應對方面有問題。最代表性的是這樣地回答：「電腦處理的，費用怎麼可能會有問題呢？」或者：「也許小孩子偷偷打長途電話也說不定呀！」這不等於火上加油嗎？糾紛當然因之而起。

我向主管建議，遇有糾紛時，先將電話切線，並告知用戶：「讓我們再仔細地調查看看！」過段期間再開始交涉。無論什麼事件，如果純想以理論來平息感情之火的話，豈不等於火上加油愈使事態嚴重。

※對方情緒化時，先承認對方的指責，過段期間後再交涉，可解消對方的怒火。

57.以細微的聲響擾亂對方談話主題的心理戰術

由於職業性使然，我習於在人前說話，但是演講的時候，若遇到意外的妨礙，有時候仍會不知所措地進退維谷。故意騷擾的另當別論，最使我頭痛的意外伏兵，就屬細微的聲響。

例如鄰室傳來電話鈴聲，即使是微不足道的音響，也當場爲之語結。同時也使原本肅靜的會場鬧成一團。等安靜下來後，卻難以再繼續講下去，不只我個人如此，似乎常演講的人大都有類似的經驗。

因細微的聲響而致演講受到妨碍，從人類心理結構來看也是理所當然的。因爲在斷續性的響聲騷擾下，人類的意識大都隨之而擴散。就如同小動物不斷地豎耳留神般，是保護自身的反射性反應。意識的擴散便導致思考的中斷。同是響聲，連續性地或預料中的響聲，其結果則不同。因此，在充滿音樂的咖啡店裏暢談，服務生送來咖啡、食器的聲響，常使在座者瞬間住口，大煞風景。

利用這種突如其來的物音能使思考中斷的弱點，而使饒舌者閉嘴的技巧，在美國的集體會面技術的教科書中，曾詳加介紹。集體會面在使出席者自由地交談，因此有必要使搶奪他人發言的饒舌者閉嘴，在預備會面的階段，先盯住自我顯示慾強烈的人，在眞正程序開始時，所有出席者團圓桌而坐以示均等，但自我顯示慾強者，則列坐主持者兩側。在主持者與所有人視線接觸之際，列坐兩側者等於被主持人所忽視。在饒舌者又想發話之際，主持者故意使硬幣掉落，這就是集體會面的課程內容。

「噹」一聲的聲響，連喋喋不休者也爲之閉口。使主持者可利用此一機會轉移話題：「對了，這個……」會議時在對方正發言中插嘴：「一點也不錯」，或「實際上是……」以此對付騷擾有加滔滔雄辯的對手的冷酷心理學實踐者們，在我們身邊必定不少見吧！

＊在會議中打斷有能的敵手的談話，可利用聲響騷擾對方的內容。

58. 岔開對方質詢以挫其勢的心理戰術

在拳擊的比賽技術中，有閃躲對方強力來拳的戰法，這不但可以保護自己免受強拳的攻擊，也有消耗對方體力、挫其銳勢的效果。

人際關係也同樣能夠利用此種技巧，例如兩人之間在某方向的緊張感昇高時，投入毫不相關的情報，使得暫時之間其注意力分散，緊張情勢隨之急轉直下。就如同在壓力逐漸昇高的壓力鍋上挖個小洞，使急遽的壓力突然下降，昇高的緊張，也因細小的噴出，得以在未形成巨大壓力之前化解。

在躲避對手嚴厲地追究，或控其氣勢的場合，可運用此種心理原則。也就是當對手將所有箭端指向你身上、毫不放鬆的場面時，突然向對方提出與問題內容毫不相關的質問：「請問現在幾點？」「你的眼鏡我愈看愈欣賞，請問有度數嗎？」愈是毫無脈絡，愈不按牌理出牌的詢問愈有效。也許對手當場爲之氣結，也許認爲不先回答這些問題不能使談話順利進行，也許因被愚弄而更加火大。但無論如何，對手必因之而偏離談話的中心、分散了注意力，銳勢便大減。我自己曾有過這種深刻的經驗。

在日本大學生正鬧學潮的時候，某大學教授面臨學生們的嚴詞指責，簡直窮於應付。在責任的立場，也不能過度輕率地答覆，同時長時間地反覆那些無聊的問題，也已經煩不勝煩了。於是該教授在嚴詞銳語相逼的狀況下，突然反問了這麼一句：「對了，你們剛才到底在問我什麼？」即使再激進的學生，在這句話下，也突然爲之一楞。當然接下來，學生們的謾罵聲比剛才更爲激烈，但結果却因銳氣受挫而做鳥獸散。

又有一次示威隊和警察發生衝突，處於一觸即發的狀態下，不知哪個人攜帶的收音機突然響出報告氣象的聲音：「根據氣象局的報告……」使得火爆氣氛下的雙方人員爲之哄堂大笑，同時緊張氣氛爲之化解，避免了衝突事件。

＊在談話中途插進毫不相關的話題，頓挫對方的銳勢。

59. 使對方撤消要求的心理戰術

人類文化學家K氏所開發的KJ想像力運用法，日後被Sony公司等多數的電器製造商所採用，並發揮其成果。其想像力並非限於個人，而團體創造法或管理組織法的色彩較濃厚。

將此創造法導入Sony公司的C氏，將各種細微的問題寫在小卡片上，利用團體討論來解決，其過程比結果更有價值。也就是團體的成員，對某主題率直地將自己所思考的對策卡片化，然後全體集合整理這些卡片。無論結果如何，都能得到全體人員有力的支持，等於是團結一致的意識統一於焉出現。

此外，如勞動組合等工會組織，每隔長時間召開大會，無論多少的苦情或要求都可提出，最後則總歸成幾項口號。雖然與前述方式不同，但也是常用的意識統一手段。既然是意識統一，每個人或多或少必須捨棄自己的「異見」或主張，而如何地將各種不同的主張，歸納成數項共識的主題，端視組合指導者的能力如何而定。

換句話說，我們可反用此種手法，故做接受對方要求狀，其實則將對手的要求攔腰截斷。被譽之爲大衆煽動天才的希特勒，就經常說：「欲煽動大衆，盡可能用少量的口號，盡可能用單純的口號！」

將複雜分歧的各種要求，一併接受並歸納成單純化。對單純事物容易了解是人的本性，因此即使是最有利的理論也需伴裝接受。如此人們則產生自己的意見被採納、自己能夠盡情發表的錯覺，並以爲自己的意見變成團體的口號。

由此可見，在會議等場合，必可運用而化解與會者不合時宜的要求或提案。換句話說，使各人知無不言地發表所有的意見，然後將之完全歸納爲一體，讓全體有關人員參加會議發言，參加者却不了解自己被冷酷心理戰術所利用，而深信「自己所提出的意見」已完全被組織所採納。

※全體參加的討論，無論結果如何，都被認為是反映自己意見的主張。

60.使對方不知不覺間表明眞心的心理戰術

對方現在內心裏想什麼?煩惱什麼?欲求什麼等等,若能了解其本心,則在與對方的關係上,能使您位居更有利的立場。若對方在不知不覺中讓您了解其眞心的話,您的有利條件就更為強化。

其中一種方式,是製造某種狀況,使對方存於心中的某事做間接性的投影,從似乎與對方本心毫無關係的言行中,判明對方的本心。

心理測驗技術中,有一種投影技巧。給予對方在各種不同觀點上都能認同的曖昧材料,並依對方的解釋如何而斷定對方的深層心理。例如孩子所用的TAT測驗(繪畫測驗),圖畫上有幾隻松鼠:正在舞台上表演的松鼠、正在拍手的松鼠、遠離同伴的松鼠等等,給兒童看這幅畫面並告訴他:「主角的松鼠叫小奇,請問那一位是小奇?」根據兒童的回答,就可判知這位兒童內心的問題所在。

在我們日常生活中,常常數人聚集看著某人而悄悄地談話,若是被害妄想強烈者,會以爲別人在說自己的壞話，優越感強者則認爲別人正在誇獎自己。也就是說，人在無意識之中，會注視自己心理狀態或深層心理所投影的事物。

若利用此種人類心理，連無法直接透露出來的主題，也能在對方不察覺之間，了解對方心理正在想些什麼。最迅速的方式，即對於想知道的內容不直接詢問對方本人的意見，而當成他人的意見。例如想知道某個女性對性方面的意見時，應該這麼問：「你周圍的女性，到底是什麼樣的想法呢？」既非本身的意見，她當然樂於回答，但是她自己本身的意見，却若有若無地間接投影在談話中。

對方對你的好惡感絕不會直接表明，但假如問對方：「你的同事〇〇〇對我的看法怎麼樣呢？」對方在「戴著他人」的面具下，却將自己的眞心話毫不遺露地表現出來。

＊使對方以他人的意見表示，可探出其所隱藏的真心話。

61.令不感興趣的對方不得不聽的心理戰術

舊式的庭院、廣場是行脚商人們最佳的商場，用不著挨家挨戶地敲門，他們可直接拖、背著

敵手專集

有朋友說你很差勁！
長髮披肩的那位朋友。

給予模糊的情報使對方不安。

氣象局的測風鷄

給對手貼上標誌，表現自己的優越面。

你是否也同樣受騙！

在對手面前誇獎他人以打擊對手。

攻擊對方的些微弱點，動搖對方意志。

不能在對方面前抓香港脚，更不能挖鼻孔！真失禮！

商品到庭院或走廊去。寒冷的冬天，依然可以把商品卸在日照充足的走廊上。不必直接地踏門入戶，就可進入該人家生活的一角。因此舊式的庭院、長廊是最易進入的場所，也是最易於擺設商品的場所。

更重要的是，他往走廊這麼一坐下，主人也不好意思逐客出門，即使光談些不關緊要的瑣事，結果總是或多或少買些小東西。從前在農村中，購物相當不便，因此四處行脚的商行總是受到村民們的親切歡迎。而大廣場正好提供了最佳的展示場所。

現代的推銷員可享受不到此種展示場之福，因此如何才能「坐下」便成爲最大的關鍵。許多成功老練的推銷員所寫的推銷書中，必定寫著能與顧客「同坐」的機會有多難。換句話說，如果能逮到機會坐下，推銷可說已成功一半了。

人類的確有此傾向，坐著的人們，眼光平行時談話最順利。如果能夠進入身體語言中所謂的「身體區域」內的話，談話效果更大。而意欲排斥對方者，常與對方保持一定的距離。但如果防禦之壘被突破而進入「勢力範圍」之內時，逐漸地就難以排斥對方，非接受不可。「靠近」對方的行動，正表示確實地突破對方的「肉體區域」的範圍。

因此老練的推銷員都積極地設法坐近顧客。例如：不管必要與否，先行取出筆記用具，「事實上關於這個是這樣的……」邊說邊尋找適當的書寫場所以便坐下。若能巧妙地找出「坐下」的藉口，必可在不予對方抵抗感的情況「坐下」。如此一來，原本不感興趣者也不得不暫時聽聽我們到底在說些什麼。

※以書寫什麼為藉口，找出坐下的口實，對方必然靜聽我們的談話內容。

62. 將他人的創舉據爲己有的心理戰術

如果留心兒童們的談話，可發現若其中一人在發表新的知識或遊戲時，可說百分之百會有其他孩子不甘示弱地反駁：「那種事我早就知道了！」或「我也正想說呢！」當然事實上並非他們也眞的知道或想過，充其量只是一種不服輸的心理在作祟而已。此種不服輸的心理也同樣可運用在打擊對方的戰略上。

在會議等場合上，自己直屬的上司正滔滔不絕地發表自己的「新構想」，也許諸位也常有此種震驚的感覺：「啊！那不正是我向上司報告過的構想嗎？」即使你想當場揭發對方盜用你的構想，但却苦於無憑無據，再說「反正自己的構想能付諸實現」就算了。沒有任何人能探知他人腦中所思何物，因此類似的狀況，理論上實在「不可能」解決。反用此種手法，我們大可一個個地

「佔用」他人的構想。

也就是如前所介紹的兒童例子，對於敵手所提出的構想，利用三言兩語予以封殺，例如：「這我早已想過了！」或「您所提出的意見我也非常了解，但若換個角度來看……」並加入自己的觀點。應用這種技術，將敵手的構想稍加點調味料，就全屬於「我們的」構想了。

我所認識的某個總編輯，不客氣的說，就全用這套心理作戰，而爬到總編輯的職位。他雖然欠缺構想的創造能力，但却巧於安排整理他人的構想。因此爲使自己的能力百分之百的發揮，在企劃會議等場合，最初就保持緘默，當個聽衆。等所有人全都表示意見之後，他就利用眼前現成的材料表示：「○○先生的構想，我早就想過了！」並添加自己的意見，堂而皇之地陳述。他的善於整理幫了他大忙，因此每回大都採納他的意見，而被同仁們稱之爲滿腹創意的天才。

不過認眞地想，像這樣在他人所發表的似無實現可能的創意中，找出「可行」的部份加以整理，而變成足供採用的企劃，也許才眞正是身爲企畫人才所應具備的能力吧！

＊整理他人的構想或已經發表的創意，轉變成自己的創意。

63. 以受教的姿態趁機奉承的心理戰術

新進職員經過四、五個月後，常可發現個個變成幹勁十足的活潑「老前輩」。爲什麼在這個時候變得元氣百倍呢？因爲他們面前出現了「求教」的存在。對平常被手下或同事所疏遠的他們來說，對於能夠令他們言聽計從的新進職員，正好可滿足他們人類的「教訓本能」。

他們想比別人更優秀，受到他人賞識的欲求也比他人更強烈。而吟味此種優越感的機會之一，就是使他們教導別人，以滿足其「教訓本能」，但平日却苦於無此等機會。因此每個人無不引頸長盼「受教」於他們的新職員上門。

並非只有前輩職員對新進職員才有這種欲求，每個人無不在期望他人的「求教」。因此若想滿足對方的教訓本能，讓對方有優越感，以達到奉承對方的目的，只要扮演個求教的新進職員就夠了。許多學生的論文，或學術性的論文、著作，在最後的總結上，無不公式化的客套一番：「無論如何，請老師惠予賜教」或「還望前輩們不吝指教」等等。這也是刻意地喚醒嚴格審查論文的試驗官的教訓本能，引起對方好感的心理戰術之一。即使了解此種求教語句是公式化的客套話，但不可思議地却因此難以對論文內容嚴加評判，結果仍給予高分。

若想突破對手堅固的防線，穿透其空隙的話，大可反用人類原本所持的「教訓本能」，扮演個可憐兮兮的受教者吧！

那些被稱之爲「老人殺手」的人們，在「請求賜教」方面的確有一手。老人大都頑固而好批評，總被歸納爲「難以相處」的一群，但相反的，想傳授自己的經驗，想要有人傾聽自己得意往事的教訓本能慾望，却比年輕人更強烈。

「老人殺手」們，爲求喚醒老頭子的這種本能，無論被吼被罵，依然保持「求教」的姿態，最後終於能使難以接近的對手也攤開雙臂接受。獲得老頭子們的寵愛，而爬登公司寶座的年輕人不在少數。

※保持「受教」的態度，使再頑固者也接受我們。

64. 攻掠難攻不破之對手的心理戰術

前幾天遇見了久別重逢的朋友，他正氣惱受到推銷員之騙，而購進高價的兒童用百科全書。被騙確令人難以忍受，但據他說，那位推銷員的手法的確超群。

推銷員先不自報姓名，到門口直接叫小學五年級的孩子名字：「〇〇弟弟在嗎？」他的太太誤以爲是補習班的老師，很客氣的把他請到家中。從房間出來的孩子，因爲很少有大人朋友，因此即使是個陌生人也很高興。該推銷員開始說明該兒童學習百科的用處。孩子見到屬於自己所用的新東西早已興致勃勃，又聽說附近很多小朋友都買，更是吵得非買不可。

接著推銷員又轉向母親：「孩子很想要，不知您意下如何？」孩子則在旁邊嚷著：「買嘛！買嘛！」更使當媽媽的難以拒絕，雖然怕孩子立刻就看膩而丟於一旁，但卻又不忍拒絕孩子熱切的要求。在「可幫助孩子做功課」的冠冕堂皇理由之下，平常緊守錢包的太太，竟然慷慨解囊。

果不出所料，孩子立刻就厭了，幾乎毫無使用就丟在一旁了，後來據朋友的調查，原來左鄰右舍也全都受騙上當而大買特買。

這個推銷員的做法，依各人看法之不同，可能會認爲那種行爲近乎詐欺，或認爲他有高度的推銷技巧，但他有辦法把孩子搬出來當家長的說服者，可說是非常擅於抓住人類心理機微的了不起人物。

古來所云「欲射將先射馬」，這句話是不分古今中外都適用的眞理。無論多麼強硬的對手，必定有其弱點，發掘其弱點就是攻掠的重點，因此妻、兒等其人所疼愛者，就是其人之「馬」，也常是個人的弱點所在。

許多倒閉事件，債主不找當事人反而把箭頭指向毫不相關的妻子身上，就因爲那是對方最易攻陷的弱點所在。弱點被控制而動搖的權力者，更因此而易於犯下嚴重的錯誤。

※先攻擊敵手最疼愛者，以達使其崩潰的目的。

65. 使對手的意見扭曲的心理戰術

最近日本總理府所舉辦的輿論調查，大受日本人的非議。那是調查日本人的「防衛意識」情況，但其方式却有「使詐」的嫌疑。從前的問卷調查，大都採用此種問題：「你認爲防衛國家之需，自衞隊有必要嗎？」但此次却先問：「你認爲自己的國土重要嗎？」接著再問：「那麼若此重要的國土被置於危險狀態下的話，您想保護嗎？」這種問答方式被譏爲純是一種誘導詢問法。

實際上據結果顯示，約有百分之六十的人，對後一個問題回答：「是」。新聞報導則大肆渲染，約百分之六十的日本國民擁有國防意識。一般問卷調查大都避諱使用直接的方式，例如：「您喜歡○○現象嗎？」因爲最初只使用「喜歡」的表現，等於施加暗示，結果「肯定」的回答必因之增加。因此大都使用「喜歡」或「討厭」的方式，如此方可期望獲得最妥當的解答。

從上述的例子可見人類心理上的先入觀占有多大的比重。先入觀之有無大大地左右著我們對事物的判斷。有個實例正足以顯示有心人如何巧妙地突破人類的這種心理上的盲點。

曾有位評論家說在好幾本著作中，都寫著同樣內容的東西，他的說明是：「麥克路翰曾就電視的映象效果發表意見，他認爲同一個資訊（情報）愈是改變方式，改變手法不斷在電視上演出，愈有效果。目前的世界已進入麥克路翰所說的電視映像時代了。所以我才根據麥克路翰的理論，在好幾本著作中強調同一件事情，因爲這樣才倍增說服力！」

聽過這位評論家的說明後，不少人大概會由原先的：「光寫相同內容的書眞是豈有此理」的觀點，而轉變成：「原來如此，這種方式也有道理。」。

借助權威者的言語而給予先入觀，任何人都難以招架。在公司裏若告訴對方：「老板是這麼說的，不知你的意見如何？」也許大部份的人都不敢表示異議吧！

＊借助權威者的言語灌輸先入觀，必可扭曲對方的意識。

66.惡行不被識破的心理戰術

一位就讀研究所的好友，對我說他因朋友的戀愛而傷透了腦筋。他的朋友目前在補習班任教，同時準備參加律師考試。畢業於著名私立大學法律系，每天辛勤地自修，夢想有天能成爲律師。

當這位補習班的老師前往我這位朋友的研究室拜訪時，對研究室的女職員一見鍾情。該研究生當然義不容辭地扮演月下老人，當他探詢女職員的口氣時，發現她已經有結婚的對象。於是只好將實情告訴那位朋友，但他的朋友却對該女職員一往情深，並不爲之氣餒。不是經常託研究生轉交情書，就是一次接一次的贈送她高價的禮物。飽受困擾的女職員，只好向研究生抱怨：「你這麼做使我非常困擾！」研究生也一再地轉告補習班老師實在不能再這麼下去了，但他却光是回答：「哪有這回事！」最後甚至於懷疑是否研究生從中作梗，傳達不實的消息。

這個補習班老師所表現的心態，與心理學上的「認知性的不調和」有關。那是不願接受對自己不利情報的心理作用。人們在接觸對自己的生活產生重大不良影響的情報時，精神上往往強烈地抗拒：「我不願相信會有這種事」。此種心理誇張的結果，即對情報的可信性抱著深度的懷疑。

我有個朋友，就很過份地惡用這種心理結構。這傢伙從學生時代就是個手腕高超的花花公子，婚後依然在外到處拈花惹草。甚至於公然宣稱：「我是個放蕩的人！」他不但在朋友面前大談他的艷事，在太座面前同樣面不改色地談他的風流史。而且更在自己的經驗上加油添醋，逼眞地向太太報告。

對太太來說，先生在外胡來是動搖家庭生活根底的最壞情報。這只是利用「認知性的不調和心理」，即使是本人親口所說出，聽者還是不願承認其爲事實。經年累月的結果，每次她都輕描淡寫地說：「又在說傻話了！」而我那位朋友也用不著爲他的放蕩受罪。

＊公開放蕩的行為，較隱瞞之更使對方不予置信。

67. 誘導枝節末端的問題隱藏關鍵的心理戰術

不久前看過日本國會議員公開討論的影片，各在野黨的一流政客無不齊集，展開白熱化的議論，但最後却以與表面上的熱氣完全背道而馳的空洞內容而終。在野黨的少壯派議員，列舉具體的數字，針對日本政府經濟政策展開尖銳的質詢，但由於執政黨議員對那些數字的細節部份展開反駁，因此議論開始空繞圈子，最後終以各在野黨議員利己的情緒化爭論而終。涉及討論國民生活根基的經濟政策，沒想到却因些許的失誤，致使有價值的論點迷糊以終。

就心理學上的觀點而言，人類意識的方向除受對象的輕重左右之外，同時也受目前所面臨狀況的重大影響。無論是在談論多麼重要的問題，若出現強烈影響現在心理的事物，則人們必轉而先求解決目前的危機。那些少壯派議員，本來是要攻擊日本政府的經濟政策，但由於對方反駁細部的數學問題，不知不覺中便逸失追究本題的機會。

這種人心的特徵使我想起某雜誌所刊登的「公司內人際關係」專欄中，所提出的倍受指責的某電機公司總務課長。該專欄是雜誌舉辦的一次匿名座談會的記錄，該總務課長被許多手下恨之入骨。他之所以不受歡迎，乃因他是個凡事拘泥細節末端的傢伙；部下好不容易完成全公司方針的報告，他却專挑小毛病。對工作上能力出衆、成績超群的手下，則刻意找各種藉口，什麼「談吐太粗俗」、「服裝不整」等等，專找小痲煩，以拼命的壓制有可能危及他目前地位的有能部下。

也許在部下眼中，他是被恨得「非殺死不能大快人心」的厭惡對象也說不定。但是像他這樣過份得招致憤恨地追究每一細節末端，專找別人的小缺點，以開拓自我道路的人，才能夠在殘酷的競爭社會中，奠定他目前的地位。

※嚴詞追問對方語詞的定義或細節末端，以使對方失却議論的主題。

68.使對方出賣同伴的心理戰術

俗語說：「同吃一鍋飯的好友，所以……」這句話是在強調交情的深厚。參加社團的活動，同甘共苦都在一起的朋友，總比同班同學來得更親密，而長久相處，共有的體驗密度也比一般泛泛之交更為深濃。因為志同道合者擁有較多共通內容的話題，產生足以排斥他人的強烈「同伴意識」。

此外，從未相處的兩人，因共有的某種體驗，也可能變得親密。例如兩個「好朋友」的男女，與其他朋友參加郊遊，沒想到突然碰到暴風雨，兩人與其他同伴失散。為了躲避風雨，兩人一塊兒躲在山中的洞窟內，從此以來兩人的感情直線上昇，半年後終於步入結婚禮堂。我也應邀參加他倆的婚禮。這段故事是婚禮當天，他們的同學在致辭時說出來的。

因此共有的體驗愈帶有秘密性，愈增加親密度。最近日本作家森村誠一所寫的「七三一部隊」一書，揭發日本關東軍事當年在滿州（中國東北）地方，進行慘無人道的人體秘密試驗，直到戰後三十幾年的今天，當年曾參予七三一部隊的生死細菌實驗的軍人，仍守口如瓶不願洩露任何內容。因為他們都有參加身體實驗的極機密任務的共同體驗。

從這種人類心理的特徵，我們發現，若想拉攏與我們利害不一致的團體內的某人，應該不是一件難事。也就是製造機會，與目標人物設法共有難以公開的「共有體驗」。日本戰後，政界有個掌握左右大局能力的幕後超級人物。在野黨的少壯派代議士，曾隨同大學的學長政治家，與該

花花公子專集

決定分手…等對方難以接受的事，
應以氣氛取勝。

每天固定電話聯繫，使對方留
下「您關心他」的印象。

你是否也同樣受騙！

若無其事地製造接觸對方肉體的機會。

利用小道具使自己更具魅力。

超級幕後人物吃過幾次飯。當時那些少壯派議員並不知道該人物的底細，以為只是一般的應酬。但事後學長政治家却這麼告訴他：「你如果公開與那位幕後人物吃過飯，可能會危及你的政治生命喔！我也絕不會公開，但請你把你們內部有用的情報，隨時提供給我們！」該少壯議員雖然後悔自己的輕率，但已經太遲了。

＊共有兩人的秘密可化敵為友。

69.斷然拒絕不予開口機會的心理戰術

這也是日本大學生鬧學潮時所發生的事。某教授因學生運動份子常在上課中搗蛋而深以為苦。在班上的學生面前，他想表現自己是個「開朗」的老師，因此他不但聽那些學生運動者發表高論，同時還想開導他們。但錯就錯在這裏，學生們趁機提出一大堆質問，完全不像上課的樣子。完全被學生所控制的這位教授，某次因過激派學生在上課中出現，使全學期的課程為之瓦解。

經過此次慘痛的教訓後，他終於覺悟，若是不想接受對方的話，根本用不着多費口舌。不接觸談話的中心點，而直截了當地在談話的外圍拒絕，他認為自己當時應該這麼說：「你們妨礙上課，請立刻出去；與上課無關的問題，下課以後再說！」

但在同樣的狀況下，學生們理會與否又是另一回事，也許學生們依然肆無忌憚地反駁也說不定。但至少迴避對方的談話中心，來個相應不理，不容對方有趁虛而入的機會，大概也不會有妨礙全學期上課的騷擾事件發生吧！

不願接受對方，想加以拒絕，或答案是否定之時，不必要的溫情反而會導致事態混亂。全心全力不願受拒的對方，只要發現我們的言語中稍有些許希望在內的話，必盡全力攻擊此弱點。一旦容許對方前進一步，對方必就這樣十步、二十步地繼續侵入，我們反而必須被迫一步一步的後退。

在談話的外測設下防線，就可避免這種情況的出現。或使用毫不接觸具體內容的抽象談話方式，在某種程度上加以拒絕。例如對來應徵而未錄取的職員，若是煞有介事的使用充滿溫情的虛僞同情文句，反而激起應徵者的不服輸心理。「閣下學識豐富，但是很遺憾的……」用這種說詞，說不定落敗的應徵者會衝到公司來興師問罪：「我爲什麼不及格，請把理由說來聽聽！」

在拒絕強迫推銷等場合時，毫不通融的說詞可避免對手拖泥帶水地糾纏不清。「我絕不買推銷的東西！」「先祖遺言交待不得參加保險……」斷然拒絕遠比囉囉嗦嗦地道出一大堆理由更加乾脆，更使對方無機可乘。

*拒絕對方請求時，勿接觸談話的中心。

70. 解除對方警戒心使無防備的心理戰術

數月前我在服務的學校附近設了一間辦公室，需要一些電器用品，結果不得不全向一家商店購買。並非沒有其他電器行，而是還有一段原委。原來只想預先估計而到幾家電器行去逛逛，就在該商店試試講價。「這個與這個合買能便宜多少呢？」對於我半開玩笑的試探，老闆的回答的確獨特。他開口說出的話，完全是毫不虛偽的方言，他也毫不引以為怪，樸訥地告訴我：「對不起！實在沒辦法！我已經將價格壓到最低了！」

追問幾次之後，我竟開始認為這個人很誠實，絕不會耍詐騙人，於是一概全向他購買。對於他滿口鄉音若無其事的詢問，我竟毫無戒心的把房子買在何處，在那兒工作，預算用多少錢等等全盤托出。我在他獨特的親切鄉音之下，終於消除了警戒心，一五一十地明說。

我也常從任刑警的朋友那兒，聽到一些騙婚犯的案件。我原本認為這些犯人都是使女性一見傾心的美男子，談吐風趣高雅，但實際上却正好相反。受騙的女性大都是已誤婚期，對容貌耿耿於懷者，因此許多騙婚者也都是屬於近似類型的男子。有錢又瀟灑的男人，反而令她們提高警覺，因爲自知那是不可能的對象。

日本社會黨前委員長佐佐木更三，以其土裏土氣的風貌和獨特的日本東北口音，廣得一般庶民的人緣。民社黨的春日一率同樣也以其豪邁無僞的談話應獲選民的支持。他們都是不讓對手認爲比自己低下，而自我以令人感覺卑絡、凡庸的口氣或態度，給予對方一種優越感。結果，當然使對方解除戒心，幾乎無防備地接受。

乍見毫無算計的成功、似乎又蠢又愚的態度，實際上才正是高度地冷酷心理戰術最大的威力所在。

＊裝瘋賣傻使對方無防備。

71. 使對方滿足低條件的心理戰術

前不久曾看過一部絕妙風趣的警探喜劇片，全片內容緊湊毫無冷場，一波接一波地造成哄堂大笑。令全場觀衆捧腹絕倒的，在於刑警詢問口供的絕妙技巧。威脅、恐嚇把嫌犯逼得走頭無路之際，却又甜言蜜語得叫人淚眼欲滴。雖說那只是演戲而已，但在這種軟硬兼施的方式之下，大多數的人十之八久都會情不自禁地乖乖招供！

姑且假定警察查案並不如戲劇中那般過份，但至少運用方式大抵相同則是可以肯定的。首先由凶悍的攻擊型刑警問話，不斷地逼他，列出所有的證據，或共犯早已招認等等，使嫌犯的精神頻臨崩潰邊緣，在此種審問下，多數人會產生反感，愈逼他愈堅持反抗到底。

接下來由和藹可親的刑警登場，轉而極力安慰嫌犯！「我了解你的心情」、「我會請他們寬大的處置」等等，極力地表示好感，這樣反覆地做波狀攻擊，嫌犯們大都會向可親型的刑警坦白。

這屬於異常心理法的變形之一，屬於緩急交替法的手法。由二人各扮緩、急的角色，當然由一人獨唱黑白臉仍然可以。一方面首先將之逼入心理的死胡同，使其動彈不得，另一人再出現製造心理上的逃遁之路，如此一來，大多數的人無不立即奔向逃遁之路。

除刑警的偵查探案之外，這在生意的彼此往來上，也是可發揮效力的技巧之一。談生意時，若我們立於主動地位時，首先用不着表現本意。二人一組列席，先由甲盡可能提出最苛刻的條件，把對手逼入困境，再由另一方唱白臉，提出妥協案（眞正的腹案），若無其事地予對方有伸展的餘地。在此種設局安排下，即使以客觀的眼光看來絕非有利的條件，對手也認定妥協案較有利，而樂於接受。這是令對方以低條件爲滿足的最佳心理條件。

※談生意時，先由一人提出最嚴格的條件，另一人表示較緩和的條件，對方十之八九都會接受。

72. 以間接的稱讚打動女人的心理戰術

「對美女和醜女稱讚其性格，對非美非醜的女性，則稱讚其美艷」，這是很值得深思的警語。對美女讚美其美麗反而會遭白眼：「又來了！」稱讚醜女有多美，或許對方反而氣憤難平：「我還不知道這是謊言嗎？」反過來說，百分之九十九的女性，都自認自己與美女僅是一紙之隔，因此最喜歡聽到「妳眞美麗、妳眞迷人」這句話，可見前述的警語的確是深得箇中之味。

但如過份輕易地把現代女性歸於這三類的話，或許也難以發揮預期的效果。最大的不同點，是現代的婦女都擁有經濟能力，同時也早已聽慣了各種打動女人心的廣告和推銷員的稱讚，出社會後又經常與男人接觸，也非那麼容易就被灌迷湯。

對於這樣的女人，應如何打動其芳心，使其心花怒放呢？可以有許多方式。其中最具效果的，是誇獎對方本身所忽略的長處，或者儘可能間接地誇獎。

這是個著名的故事。某位公認能使女性表現得更絕色的攝影師，在新人女星裏攝影機前表現得緊張時，他都誇獎對方意料之外的美點，例如：「妳的身材好漂亮啊！」女星緊張的表情也隨之放鬆，也許是對攝影師產生信心的結果吧！

像這樣能夠發現美點的男人，不但能使女性滿心歡悅，同時更因此對他一見傾心。

普通人對女性大都是自我直接地給予女性讚美：「妳好漂亮！」「妳好溫柔」，雖對方會感到高興，但更覺得不好意思。在女性的心理來說，害羞心理很容易轉變成警戒心，也很可能立即在內心浮現懷疑的念頭：「這傢伙是否有不良企圖啊？」

因此，讚美其服裝、裝飾品等間接的誇獎，抵抗力較少也較易於接受。表現愈間接，女性的抵抗感就愈弱。

總而言之，讚美女性是很困難的，本來你想極力稱讚她的能力超群，對她說：「妳的工作能力太棒了！」有的女性甚至會因此大表不滿：「哦！我就只有工作能力啊？難道我就沒有一點女人的魅力嗎？」而所謂的花花公子也者，即指善解人意，又能夠捕捉女性的這種機微心理的男人。

※讚美女性所忽略的優點最具效力。

73. 使對方氣綏而放棄的心理戰術

美國某雜誌曾以「廉價買襯衫的方法」，介紹如下的方式。進入商店後，發現非常滿意的襯衫，也勿讓店員發現你的企圖；邊與店員討論，邊對店內的襯衫逐一愼重地挑選，大可一再地試穿。等店員快不耐煩的時候，拿起選中那件襯衫，向店員：「就這件好了，可以打幾折？」

通常標榜不二價的商店，店員在經過長時間被逗得團團轉之餘，自然而然地認爲，要是不賣豈不損失大了，你一說決定要買，當然樂於談折價的事。

當然在國內各大大小小百貨公司內一群群活像太上娘的女店員面前，能否像老美那般依樣煮葫蘆，還是値得三思；但是逼得對方氣餒放棄，而使自己在於有利地位的冷酷心理戰術，仍被各方面廣泛地使用，也許您也曾是受害者之一。例如太太對先生，孩子對父母要求東西，常在有意無意中採取此種心理攻勢。最初想說服對方取消原來的要求：「那種東西用不着啊！」經過百般糾纏之後，自己却反而投降啦：「好吧！你喜歡就買吧！」

商場交涉方面，善於死纏活賴者常能致勝，這是最最單純的方式，但就受糾纏者的心理而言，這確是有效的怪招。人一旦被糾纏，很容易火氣上升，如此一來易使判斷力與批評力降低，爲求打破此種狀況，即使對自己不利的條件也樂於接受以求解決，結果更易反而中圈套。

很久以前，曾發生大騙子騙取四十幾位作家錢財的案例，該男子自稱文學志望者而拜訪各個作家，信口雌黃地漫天撒謊以博取同情，毫不客氣地要求資助返鄉的旅費。其中約有半數作家受騙上當，但仍有不少名作家却識破他的詐欺。

據說那位掏錢者，都是受不了詐欺犯的糾纏。他利用死求百賴的方式，使其不勝其擾而乾脆付錢打發了事，該詐欺犯的算計也可總是一種高級戰術了。

＊對難纏的對手反覆地施以波狀攻擊。

連希特勒也受騙上當

西元一九五九年被日本政府指定爲重要文化遺產的「永仁之壺」，實際上並非鎌倉時代的遺物，而是出自名匠加藤唐九郎之手的贋品。從該次永仁之壺事件以來，美術界的贋品風波層出不窮，連貴爲天才的希特勒也是贋品的受害者。

第二次世界大戰結束後，荷蘭畫家泛米海連因支持納粹黨而被捕，供出重大的機密。他曾出售費米爾的名畫給納粹黨，但實際上却是他僞造的贋品，最初誰都嗤之以鼻，但經過泛米海連實地製作贋品公佈後，才證實其複製贋品的天才手腕。

希特勒年輕時立志當個畫家，他的酷好藝術品是史上有名的。但他的繪畫收藏品中夾有贋品，有些甚至已證明其爲贋品，希特勒却仍堅持主張其爲眞品。

米開朗基羅也曾以贋品誑人。他年輕時也臨模古代巨匠的素描，加以噴煙使其看來古舊，並據而與眞品偸換對調。他的繪畫老師竟然也分不出眞僞，可見他也是個僞造的天手。

第四章　使自己看來更巨大的心理戰術

74. 令部下認清上下關係的心理戰術

最近常聽人家感嘆上司或父母的權威愈來愈低落了。事實上不把上司當上司、不把父母親當父母看待的人，的確是愈來愈多。這些人爲什麼不懼權威、不向權威低頭呢？若反過來觀察上司或家長的態度，我認爲他們自己本身也必須爲這種現象負責任。

使對方認清上下關係，有幾種方式。最笨的方式，是炫耀自己的權力，且無視於對方的存在。開口閉口動輒用命令式口氣：「喂！過來一下！」面不改色地使喚部下做你私人的事情。每有機會就讓部下明白下令者與受令者的差別何在。但這只是暫時過過上司癮而已，此種方式最易招致手下的反感，很可能因之而失去自己的寶座。

也有一種上司並不強調自己的權威，處處在部下面前表現得非常謙遜，自己也從不在意上下主從的關係，不分什麼上司、部屬，同時手下報告什麼都無不側耳傾聽，而依手下的自主性爲賴，使手下能充份地發揮幹勁。事實上這種方式最能清楚地區分上下主從關係。

做法雖有不同，但他們所共通的是對部下不做正確的評價，一方是無論做什麼都罵，另一方是無論做什麼都受誇獎，沒有能夠得到大家一致接受的評價基準。如此則在下者不願服從上司，徒然不斷地萎縮，或採取習以爲常的慣性態度。

能夠隨心所欲地管理手下的上司，都有嚴格的評價基準，或貶或誇的技術絕與衆不同。在無意識之中強化支配與被支配的關係，還是以對手下採取正確的評價最有效。

因此位居領導的上司，偶爾會命令手下負責超過他能力的工作，故意因此而製造罵人的機會。相反地更付與輕鬆的工作，以慰勞他們：「你做得太漂亮了！」這與其說是替手下打氣，不如說是刻意灌輸支配、被支配意識的心理術。

唯有那些成天感嘆兒女不聽話的父母親，才是成天嘮叨兒女用功，但對兒女的好成績卻吝於誇獎幾句的父母。

＊製造斥責誇獎的機會使對方認清主從關係。

75. 使自己更形巨大而有壓迫感的心理戰術

動物的世界中，大都是體型碩大者居領導地位。人類似乎也不例外。前幾年哈佛大學對商學院畢業的校友進行調查，發現昇遷率與體型的大小有關係。高個子者的確給對方強烈的支配感和壓迫感，似乎也能隨心所欲地令對方行動。

數年前，筆者在美國留學時，有位身高超過兩公尺，眞是「頂天立地」的男教授。每回與他談話時，我都必須仰著臉，簡直是不愉快至極。不但如此，在他身高的壓迫感之下，不知不覺地接受討厭的工作，或恭維他實在不敢領敎的論文等等，常使我退居「被支配」的立場。物理性的巨大感，能突破原本對等的人際關係，結果在心理上造成支配與被支配的關係。

因此若想給予對方壓迫感，建立心理的優越感的話，應該在服裝或態度方面下功夫，使自己「更形巨大」。許多心理學的書籍指出，政治家們最喜愛的縱紋式西裝，就是儘可能地想使自己更巨大化的苦心表現。與難纏的客戶約定見面談生意時，也盡量力求從容的態度，心不浮、氣不躁地穩坐在椅子上，光這樣就能逼回對方的壓迫感，並解除心理上的壓迫。

在與對方握手時，政治家們也都盡可能地強有力緊握對方，以造成壓迫感。他們常說與百位選民握手則平常會發白，政治家們大概就是這麼有力地握手吧！或許政治家們因此而在選民心目中塑造巨大的形象，但我們只要還以更有力的握手，即不輸於對方的壓迫感。

反過來說，不使對方有壓迫感，也就必要使自己細小化。咖啡廳、酒吧的男服務生很少高大者，其原因也就在於不給客人壓迫感，而在輕鬆順暢的氣氛中對客人服務。幼稚園的老師半蹲或彎腰而與孩子們目光齊高說話，也就是爲求製造心理上的對等關係，以緩和孩子的緊張感。

＊從容的動作、態度使自己巨大化。

76.利用零星情報確保領導權的心理戰術

美國心理學家彼得與懷特曾做過有關領導人的著名實驗。他們以童子軍爲測驗對象，以調查在專制主義領導下，和民主方式領導下的成員所採取的行爲方式有何不同。結果證明專制主義領導下的成員，自我的利益比維護組織利益更優先，同時直接受領導左右的傾向也更爲顯著。

例如假定要求成員們製作紙面具，專制的領導人一概不讓成員了解作業的目的何在，只是指示各成員誰貼漿糊，誰剪紙。相反的民主式領導則事先說明作業的目的何在，並由各成員協商各人應負責範圍的工作。此種作業的目的，在求調查情報的給予方式之不同，成員對領導人會採取什麼樣的態度，結果發現僅給予部份情報的專制主義領導方式，雖然成員各行其事，但仍一心向著領導人。

從此實驗可以發現，若想維持領導地位以保持自己寶座的話，必須給予成員少量的情報，最關鍵的部份則秘而不宣。成員的幹勁、作業能力等，當然是民主的領導方式來得較高，但是至少保護自己好不容易得來的地位上，似乎少公佈情報較有利。

開創日本德川幕府三百年基業的德川家康，就是這麼做的。他向各大諸侯指示，在統治民衆的策略上，必須奉行「可使由之，不可使知之」。利用自己的權力使民衆服從，用不著讓民衆了解多餘的事，因此到處屠殺反德川政府的民衆，絕不容有反動的狀況出現。

在道路施工方面也常可見到這種狀況，工程何時完成、進度階段如何，參加工事者大都是一問三不知。每天應做的工作量當天才做小小的指示，難以窺見工程的全貌。

這應該是管理者惡劣的領導策略，他們想獨占全盤的情報內容，也想因此而掌握部下，可說全基於私心。

※僅公開少許情報，以加強對手下的支配。

77. 利用寒暄使自己佔優勢的心理戰術

我曾因偶然的機會而與某外交官同席而坐，聽到頗富趣味性的小故事。那是他赴英國就任時的事。他到某國領事館去投遞抗議文書，但該國收到那種外交方面抗議的文件，常是揉到垃圾桶內，並不表示具體的反應，是無視於這類文件出名的國家。該外交官爲使該國國內有所反應，用盡心思考慮。大概由於日本外交官個子矮，因此他發現在和外國人寒暄時，似乎都變成較爲卑屈的態度。如此一來，抗議對方有過失的文件交給對方時，其效果早已減低一半以上了。但反過來說，在互相寒暄的時候，若自己能確保心理上的優勢的話，事情必可順利地進展。

所以他想盡各種方式，以求能有效地在與他國外交官接觸時，在姿勢、氣氛上能扭轉劣勢。結果發現如下的結論，首次他與對方永遠保持只能觸及的距離，然後保持距離地握手。他發現若由對方主動要求握手，而自己方才順勢以應的話，已坐失先機，可說失敗一半了。若由己方主動伸手出去，則可避免情緒戰的不利。接下來就這樣站著侃侃而談，以最初見面的一瞬做賭注。

結果大出意料之外地，對方也許感受到他的氣勢壓迫，始終採取謙虛的對應，並答應將抗議的主旨送交本國首腦定奪。後來該國政府也針對其抗議發表應對聲明。

我實在佩服該外交官的卓越對策，其中有心理學上身體語言的理論在內。心理學上有所謂侵入對方身體區域則對方成爲被動的假設。所謂身體區域是人們有意無意之中，劃定自我影響所及範圍內的空間。通常大約是其人周圍的一兩公尺範圍內。侵入這區域內時，該人即產生本能的防衞心理，而易於造成在當場的劣勢。因此在寒暄的瞬間侵入對方的身體區域的外交官，當然能夠

推銷員專集

首先拉攏對手寵愛的對象。

使對方坐下來非聽不可。

你是否也同樣受騙！

讓對方心理產生小負擔

令迷惑的對手選擇A、B兩者之一。

因之獲勝。

＊接近對方握手能使自己有效地立於優勢。

78. 利用位置使自己佔優勢的心理戰術

日本的劍豪宮本武藏，是歷史上的名劍客，但大部份人並不知道他除劍術之外，尚有其他成就。從他手著的「五輪書」可以看出，他在哲學、倫理學，以及現代所稱的社會學或心理學方面，都有很深的造詣，因此才能在戰鬥上充份地發揮其能力。

例如他擊敗佐佐木小次郎的巖流島決鬥，就是最具代表性的例子。他故意比約定的時間晚到兩小時，使小次郎在等待中產生精神的動搖，分散對決鬥的集中力。到了決鬥開始時，宮本武藏採取背海而立的位置與小次郎對峙。那時正好是旭日東昇時分，他背向太陽而立，使對手小次郎面對太陽，造成眼睛疲勞的結果，同時使自己在陽光下看來更巨大化，並使對手居於心理上的劣勢。

背光而立者的臉，在迎光的人眼中，就像陰影一般一片模糊。但背光者卻一覽無遺。此種現象造成人類心理上微妙的陰影，對等的人際關係崩潰，使對手感到壓迫感及陰森可怖。並因此產生對手比我更有能力的錯覺。如此一來不戰而勝敗自明，事實上小次郎在不能充份發揮自己能力的狀況下，就被宮本武藏所乘而被殺。遺憾的是小次郎的劍術實遠比宮本武藏高明。

老美的老板辦公室，可說百分之百屬於角落辦公室。也就是位於牆與牆的三角窗之間，兩邊都被窗口所圍繞的地方。白天窗外的陽光照射於老板身上，具有產生威嚴的心理效果。夜間的時候，則降低辦公室內的照明度，從窗戶上部以強光照射老板的辦公桌，可說是刻意設計得天衣無縫。

像這樣利用光綫使自己看來更巨大，以強調對方劣位的技巧，在冷酷心理學上也能善加利用。在不讓對方多餘地發言、完全配合我們的意志行動方面，可發揮絕大的效果。

＊在咖啡廳或飯店與人見面時，背向光源而坐。

79. 使自己地位看來更高大的心理戰術

美國公司內的辦公室大都是以全體職員面向前方的方式擺設桌位，上司則穩坐於後面角落，以便注視每個人的行動。東方人大都採取上司在前，能夠觀察每個人動向的設計。

雖然辦公室內的擺設方式各有其趣，但上司在角落監視每個人行動的做法則完全一致。這種習慣不知什麼時候開始形成的。位居能夠環視全體人員的位置，不僅是爲安全上的考慮，也是最易領導全體的位置，同時更與心理上的優越感息息相關。

也因此該組織內的重要人物、地位高者，或領導人才穩坐於最易監視全場的位置！這正與古時候坐八仙桌時，貴賓全體在向南的上座，身份地位愈低者坐於愈向北邊是一樣的。

若我們反用由這種習慣而來的人類深層心理的話，可因佔據的地位所在，而使自己看來更巨大，更有實力。

不久前參加一個酒會，那是端著盤子站立聊天吃東西的宴會，我經常參加此類「站食」宴會。發現財界或政界的大亨們，大都被自己的團體所包圍，而佔據屋內的四角。這些大人物先趨前向其中最有實力，最有地位的大大亨問候，然後又回到自己所佔據的一角。在放置食物的中央部份幌來幌去者，怎麼看都不像是有實力者。尤其是有影響力的商場大亨參加的宴會，此種情況更加明顯。

如果你想自己在對方眼中更巨大化、比對方更位居優勢，一定要端坐在房間的角落，千萬可別坐到不安定的中央部份。

所謂在公司內吃頭路要跟對人，在你選擇跟隨對象時，無妨仔細觀察他是如何運用這種冷酷心理戰術，以做爲你選擇的參考。例如在類似的宴會中，不堅守自己所在角落的上司，千萬可別跟隨，跟了也不會有什麼用處。

＊在房內佔據角落的位置，可使自己看來地位更高，更像個實力者。

80. 使對方誤認爲大人物的心理戰術

在某卓越的製作人手下工作的朋友，曾這麼告訴我：我們那個老板，無論是什麼明星或編劇，如果在他口中還是『叫……的』的話，表示那個人還不行。例如我們拚死命請來的演員，製作人還未認定他的演技之前，他都一概用『叫……的』稱呼。『喂！那個叫阿輝的在哪？』『那個叫阿寶的不太行嘛！』等他正式叫阿輝或阿寶時，就表示已經承認其人的能力！

由此可見，該製作人對手下口中稱呼的阿輝先生或阿寶先生並不理會，同時與手下保持一定的距離。也就是向手下表示，你們認可的人物，我還未加以認可吶！並由此明示權力關係，使手下了解自己與手下，以及自己與第三者之間的上下關係，也就是不輕易地認可對方的人格或能力，以便在無意識之中，加深「我是個了不起的大人物」的印象。

以人們對姓名的態度來說吧！對其人的姓名之態度也等於是對其人人格的尊重與否。不記住對方的姓名，就表示根本無視於對方的存在。與顧客洽談生意，最重要的就是記住對方的姓名，使對方產生「自己是相當重要」的滿足感。

因此，若不想理睬對方，想使自己在與對方的關係中立於更優的地位時，無妨佯裝遺忘對方的姓名。對實在不想與之接觸的對手，問他一句：「你到底叫什麼來著？」必帶給對方相當大的震撼。等於是在向對方宣佈：「對我來說，您根本是個連姓名都用不著記住的人物！」在這句話之前，對手必立即顯得卑微，相反地我們在對方眼中則是陰森巨大的人物。

若對方反過來不對我們稱名道姓，而應用職權或立場脅迫我們時，又該當如何呢？遭受警察的不當審問或不當取締交通違規事件時，若我們反問對方：「尊姓大名？」立場的上下關係隨之逆轉，如此必可減少許多不必要的麻煩。

＊故意向討厭的對手表示不知其姓名，以確定上下關係。

81. 使滔滔不絕的對手無能化的心理戰術

在參加會議時，你是否曾因他人一個個地搶先發言，而心煩氣躁坐立不安呢？一件提案應該用什麼方式？如何提出？或應提出的創意似乎又不對時機，在自己遲疑之時，敵手們早已踴躍地發言了。因此你一方面羨慕同事們能夠侃侃而談，一方面又感到嫉妒，再想想自己，在上司眼中可能評定自己是個無能的傢伙，於是您愈想愈冒火，就愈坐立不安。

會議缺少踴躍的發言就不成爲會議，一般常識認爲，發言次數多而滔滔而言者，才愈是能夠積極參加會議的有能者。但是用不著此種常識性的方式，也能使我們在會議上看來更能幹更有才氣。

這是我從某位前輩心理學家T大學的A教授那兒得到的靈感。A氏是個公認的有名學者，他參加會議的方式與別人稍有不同。在意見紛歧的時候，他絕不搶著發言，只是默默地記錄筆記。等到所有人都已是江郎才盡的時節，他才站起來：「我還有最後一點意見……」將剛才所有的議論做完善的整理有條不紊地綜合提案。其最後的總結不但具有說服力，同時更公平地涉及發言者的內容，所以很少有人表示異議，在會議的最後，與會者不得不向A氏的領導才幹俯首稱臣。

其實這是相當高度的會議技術，但要有相當的整理能力才能使之天衣無縫。即使不想完全掌握會議的領導權，以此種手段依然能夠廣泛地利用在各類會議，使我們的立場由劣轉優。

也就是說，在會議中即使爭取不到發言的機會，無妨邊記下他人議論的重點，邊當個聽衆就好。如此便能逐漸地明白大家的論點中心何在，也能冷靜地分析全場氣氛的微妙變化，會議中所有的發言主旨，全都可加以歸納於我們手中。並在適當的時機提示各意見間的關係，例如乙點可包括在甲點之內，A點和B點極端對立，其中之一必須加以再檢討等等，可顯示我們絕佳的組織能力，使我們看來更有能力。

＊最後總結他人的意見，卽使在會議中絕少發言，也能成為有才幹者。

82.利用小道具使自己更有魅力的心理戰術

某次到酒吧去，發現一個其貌不揚的男子，却意外的受到吧女們的熱情招待，他也並非身懷鉅款以慷慨的大把鈔票吸引那些吧女。我仔細地觀察他究竟爲什麼這麼受歡迎，結果赫然發現他正在角落邊彈鋼琴，邊以法語正大唱著「香頌」（CHANSON法國的一般化通俗歌曲）。

我問身邊的吧女他是幹什麼的，她們說他是這兒的常客却沒有人知道他的底細。聽她們的說明，我才了解這位男子的魅力何在。能夠吸引他人的魅力，來自於對隱藏事物的關心，和擁有令人羨慕而比他人更優秀的才幹這兩種要素所構成。而他正同時具備有這兩種要素，難怪深得吧女們的歡心。

假如他本身是鋼琴師或詩人的話，彈琴唱歌根本不足爲怪。但因爲任何人都不知道他的職務，使他自己的存在披上神秘的外衣。人是不可思議的動物，一方面想探求未知的隱藏事物，一旦其神秘性公開之後，對原本的關心和好奇也隨之消失於無形。如此說來，女人傾心的男子，必定有其秘而不露的部份。

他受歡迎的另一原因，也在於輕鬆自若的吟唱法國香頌。上酒吧的客人，最多只能臉不紅心不跳的以破嗓子唱唱歌，彈鋼琴什麼的就免談了。再加上他的流利法語，在別人眼中，就像全部都經過洗練的法國紳士，當然受歡迎。受他人關心且吸引他人者，大都具有他人所無的某項才幹，例如繪畫、音樂等藝術方面的知識，即使是片斷的，也能吸引他人，尤其是吸引女性的最有力武器。以法語唱香頌那更是非尋常人所能做得到的。

女人以部份推測全體的心理傾向很強，因此看到穿飛行裝的人，就誤認爲他是成天飛翔於全世界的國際人。戴個俏皮小帽手持海涅詩集者，又會是充滿藝術氣息的偉大畫家了。因此意圖欺騙女性者，無不都配合她們的期望，大談紐約的夜景、巴黎的香榭大道、倫敦的黃金市場等，說得有聲有色。

如果您想使自己更具魅力，更受女人的鍾愛，無妨同時裝模作樣兼神秘兮兮，充份地運用小

購物專集

強調「這是最後」使顧客陷入非買不可的心理中。

標定高價，使贋品也成珍貴品。

你是否也同樣受騙！

故意揭露缺點，造成「有良心」的印象。

雙重價格以表示便宜。

道具發揮其最大的功能吧！

＊彈鋼琴、唱洋歌使人對你另眼相看。

83. 放長線釣大魚的心理戰術

詐欺的技倆之中，有一種是利用訂貨後逃之夭夭的手段。如果碰上職業性的詐欺犯的話，或許您有一天也會受騙上當，他們的手段相當巧妙，讓我們來看看這些人到底有什麼神通。

爲了取得你的信任，他們首次會提議以現金交易，每回訂購商品，必定付現金。小額的商品立刻付現，對他們來說並無多大的負擔，但是這種少量的「投資」，不久的將來，至少可以回收數千萬元的利潤，那有比這更安全的投資呢？

因此起先階段，通常扮演正直的商人，規規矩矩地以現金解決。經過一年的往來之後，誰都會相信他們吧！但他仍不會就這麼現出猙獰的面目。第二階段交易額增高，於是要求半數以支票支付。或許是對於一直老實的付現金的客戶嘛，有什麼不放心，好呀！半數付支票也可以。

當然一兩回之內，支票如期地兌現，你銀行戶口的存款愈來愈大。如此一來，你大概已經完全信任對方了吧！但你却沒有發覺這兩年間，買賣金額已經從當初的幾萬塊增加到幾千萬元了。第三階段該是他們收取投資利潤的時候了，他們要向你訂購三千萬元的商品，但是不太方便，必須全以遠期支票支付爲條件。而你大魚入網當然樂於成交，他們就這樣輕而易舉地騙走了三千萬元的貨品。

支票到期被拒退後，你鐵青著臉前去興師問罪，當然啦！早已人去樓空嘍！像這樣以長期抗戰的方式爭取信用的方式，再精明的人也會輕而上當。這是超級職業高手的傑作，爲了能夠從最細節處獲得對方「老實商人」的印象，他們那些小混混們不過更大的苦心去鑽研、去鍛鍊。

而你之所以掉入對方的陷阱，就是你在他們所建立的細微信賴關係上，產生此信賴關係必長久維持下去的錯覺。如：想詐取百萬元的人，首次向對方借個二、五萬元，不但如期奉還，還大包小包的禮物，打躬作揖地道謝，予人老實又可信賴的印象。

※屢次履行小承諾，使人誤認其大承諾也必如期履行。

84. 使人誤認自己爲第一流人的心理戰術

美國股票的大本營華爾街（Wall Street）裏頭，有許多跳梁跋扈的大小騙子。某雜誌曾登過，就只在牆上掛著洛克斐勒的肖像，竟變成百萬富翁，幹起股票經濟人來了。他也從來沒說過自己跟石油大王洛克斐勒是什麼樣的交情，但人們却深信其來頭不小。更相信他必然了解許多一般人不知道的商場機密情報，因此得到龐大顧客的支持而功成名就。

由此可知，不分國籍不論古今，人們都無法抗拒表示權威的對象。與一流人物為友，在一流公司服務，或者身戴一流的高級飾品，就與權威同樣是屬於第一流的觀念深入人心。這種現象在心理學上稱之為聖光效果（Haloeffect）。

若利用此種聖光效果，偶爾還眞能夠把人騙得團團轉。詐欺犯們或多或小都應用此種聖光效果的技倆，以達其行騙的目的。

我有位在演藝圈任職，平日行為是怎麼看怎麼詭異神秘的朋友。他在接待心目中認為非常重要的客戶時，必招待對方到自己平常絕不可能涉足的超級豪華酒店去。同時在正式招待之前，他自行先去一兩趟，以便能與裏頭的男女服務生混熟。正式帶客戶進門時，他則裝出熟客的神態，對服務生們親切的招呼：「啊！今天還好吧！」如此一來，大多數的客戶都誤認為他是「一流酒店的常客！」

像這樣就是最單純的聖光效果的應用，市面上經常見諸報端的詐欺案，也是同樣性質的技倆例如在機場用超級豪華轎車接送，來個先聲奪人。辦公室地板則是深陷脚跟的高級地毯！接待室更是純皮沙亮，全套聖光效果的排場，使客人宛如進入大觀園的劉姥姥一般，什麼樣的商情都樂於傾吐。

＊與一流店的服務生混熟，並招待對方至該店，以造成聖光效果的假象。

85. 使自己看來更有良心的心理戰術

喬治華盛頓幼年時，砍斷了父親最喜愛的櫻桃，但他却誠實地向父親認錯，反而受到誇獎，這是家喻戶曉的故事。也就是教人要勇於認錯，然而，實際上做起來却非常困難。

例如因房客抽煙不愼而引發數十人喪生慘劇的新日本旅館老板橫井英樹就是個好例子。他雖然在立場上表示遺憾，但却全然沒對遺族表示由衷的歉意，難怪倍受全世界的責難。

洛克希德賄賂案的日本高級官僚們亦復如此，日本百姓轟著要他們滾蛋，但那些議員們依然對自己的職位依依不捨，所謂笑駡由他笑駡，好官我自爲之。日本百姓雖恨得咬牙切齒，却仍然奈何不了他們。

通常因對方的失誤而遭受傷害者，當然期待對方的賠罪。東方人的這種傾向尤其強烈。當然並不是低頭道歉就算了事。若對方期待五個道歉，對方却只來個兩、三回的賠罪，大家當然怒不可遏！「他媽的，這算什麼態度嘛！」雖已低頭，對方却並不認爲你眞心賠罪。

若對方期待的是五，而你的賠罪在此之上時，情況又如何呢?原本四十五度鞠躬就能了事的，你來個額頭碰地的最敬禮，差不多等於跪地賠罪般，相信誰都覺得過意不去：「用不著這樣子嘛！」賠罪這麼徹底的話，不但可解消自己因過失得來的傷害，並留給對方深刻的印象：「眞是個好有良心的人啊！」

狡猾老練的政治家、資本家們，對這方面的事可說得心應手，常可將過失變成爲正面的收穫，也就是善用冷酷心理戰術。拉不下臉來做這些事者，當然免不了遭受各方面的攻擊。

善用此種心理法則而挽回汚名的，就是N百貨公司的波斯秘寶展覽事件吧!更換老板之後，該公司在大衆傳播上大肆渲染：「N公司的新誓言」。捨棄創業三百年的老舖意識，對社會公佈「道歉書」，同時更深深低頭賠罪。

✳犯錯時做必要以上的賠罪，造成自己有良心的形象。

86. 使自己成爲實力者的心理戰術

講求實用主義的美國，每年都出版大量的賺錢術、成功術、販賣術等方面的圖書。其實這些書的內容幾乎大同小異，並沒有任何新花樣，但是各種著作却是剖析入微，言之有物。例如有位約翰・T毛洛所寫的「以雙手致富吧！」這本書中有如下的一段：

「在大會議室內的長方形桌中最強有力的席位，就是遠離門口的桌邊，其次是右側，第三者是左側。選擇正確的位置即可顯示實力，坐姿也同樣有巨大的影響。例如坐於老板右側或左側時，座椅應稍稍拉開點，並顯出與老板意見相同的表情，如此一來便能塑造自己強有力的形象！」

此書中也提到：「在公司開內部會議時，有要領的人不僅是坐於老板看得見的右側，且是坐於老板右鄰的座椅！」我想這是來自於作者本人豐富的經驗和調查，但能否適用於我們就不敢確定了。特別是作者強調右側，大概有什麼理由或是純粹的經驗談，很遺憾他並未加以解釋。

不過，至少我們可以確定，接近老板總比遠離老板，更能分享其威勢。若互相面對的位置，易於強調對立關係，但橫或斜面等近距離的位置，則有心理上的近距感。接待室內的斜坐方式，也是想與對方造成心理上的近距離而採。

採取與老板接近的位置，必與老板同樣，會經常受到大衆的注目。同時也有老板感光的波及效果。從許多宴會或其他集會的場合中可看出，要領好的人大都悄悄地接近老板身邊。與其說這是爲求奉承老板，不如想成使他人產生「老板與自己接近」的假象。從他並非一直與老板交談就可看出，其目的只是想在老板身邊，以便與接近老板的人打招呼聊天。

＊採取接近老板的位置行動，使自己看來更有實力。

87. 佯裝忙碌使自己看來更有能力的心理戰術

我有個朋友無論參加宴會或會晤，必定遲到五分、十分鐘，是個遲到慣犯。一到會場他就立刻掏出手帕猛擦汗：「哎啊！眞對不起！成天窮忙……。」佯裝忙碌狀而不停地道歉。實際上他並非眞忙得連會面都不得不遲到，我相信那麼一點時間總會有的。

習慣他舉動的我，每次只能苦笑：「又來了！又來了！」也許初次與他見面者，可能會深信他是個忙碌不堪的能幹生意人也說不定；而準時出席者在他人眼中，大概就是個無所事事的閒漢吧！

現代的社會，的確有把忙碌者視之爲能者的傾向。每天必須處理許多公事的大人物們，大都慣於遲到，因此準時出席者就順理成章的是小人物了。人類有把錯認爲眞的習癖，因而，被時間所迫的人自然就全是有能力者，其遲到是不得已的，於是對遲到者待以寬容的態度。

因此若想使自己看來更有才能，佯裝忙碌最有效果。與人約定見面，也不要約在十點整，指定十點十五分，使人覺得你分秒的時間都安排得滿滿的。見面後立刻知道你只有十五分鐘的時間，談話中又故意裝出非立刻參加下一個約會不可的神態。約會時也用不著提前五分鐘到達，假使眞的沒事，提前十分到附近的咖啡店小坐一番，消遣時間，在約定時間五分後才踱著方步出現，她必認爲你是個業務忙碌的有能人才，倍增對你的好感。

當然若想使她對你傾心，一定要以眞正有能者爲先決條件，因爲雕蟲小技能騙一時可無法騙一世。先把上司交待的事辦妥，才能準時參加約會啊！否則她會以爲你是個撇脚貨，每天都加班到三更半夜才把工作做好。

＊與人約會時勿定「〇〇點」，應定「〇〇點〇〇分」。

與「悪」有關的名言

＊白痴也能說實話，但唯有腦筋優秀者才能撒謊。

——巴多勒

＊我希望行善以獲得內心的愉快。但同時也期望行惡，以得到喜悅。

——多斯多夫斯基

＊正義是強者的利益。

——布拉斯

＊外觀是最過份的僞裝。人世間永遠是虛飾的產物。

——莎士比亞

＊表露眞心，是爲求虛榮，爲求說話，爲求獲得他人的信賴，爲求交換秘密。

——洛修福克

＊始終未被識破，而好運道的犯罪被稱之爲美德。

——塞尼卡

＊人心求惡勝於求善。

——馬基維利

＊對下層的民衆運動講理無效，以砲兵轟潰即可。

——拿破崙

＊沒有比殘酷故事更能喚起大家的關心，報導敵人如何殘殺兒童、強姦婦女，必能激起同仇敵愾之心。

——撒米爾頓強森

＊欺騙詐欺犯能有雙重的喜悅。

——斐廸諾

實用心理學講座

千葉大學
名譽敎授 多湖輝／著

1 **拆穿欺騙伎倆** 售價140元

2 **創造好構想** 售價140元

由小問題發現大問題
由偶然發現新問題
由新問題創造發明

3 **面對面心理術** 售價140元

面試、相親、商談或外務等…
僅有一次的見面，你絕不能失敗！

4 **僞裝心理術** 售價140元

使對方僞裝無所遁形
讓自己更湧自信的秘訣

5 **透視人性弱點** 售價140元

識破強者、充滿自信者的弱點
圓滿處理人際關係的心理技巧，

②B血型與星座	柯素娥編譯	120元
③O血型與星座	柯素娥編譯	120元
④AB血型與星座	柯素娥編譯	120元
⑤青春期性教室	呂貴嵐編譯	130元
⑥事半功倍讀書法	王毅希編譯	130元
⑦難解數學破題	宋釗宜編譯	130元
⑧速算解題技巧	宋釗宜編譯	130元
⑨小論文寫作秘訣	林顯茂編譯	120元
⑩視力恢復！超速讀術	江錦雲譯	130元
⑪中學生野外遊戲	熊谷康編著	120元
⑫恐怖極短篇	柯素娥編譯	130元
⑬恐怖夜話	小毛驢編譯	130元
⑭恐怖幽默短篇	小毛驢編譯	120元
⑮黑色幽默短篇	小毛驢編譯	120元
⑯靈異怪談	小毛驢編譯	130元
⑰錯覺遊戲	小毛驢編譯	130元
⑱整人遊戲	小毛驢編譯	120元
⑲有趣的超常識	柯素娥編譯	130元
⑳哦！原來如此	林慶旺編譯	130元
㉑趣味競賽100種	劉名揚編譯	120元
㉒數學謎題入門	宋釗宜編譯	150元
㉓數學謎題解析	宋釗宜編譯	150元
㉔透視男女心理	林慶旺編譯	120元
㉕少女情懷的自白	李桂蘭編譯	120元
㉖由兄弟姊妹看命運	李玉瓊編譯	130元
㉗趣味的科學魔術	林慶旺編譯	150元
㉘趣味的心理實驗室	李燕玲編譯	150元
㉙愛與性心理測驗	小毛驢編譯	130元
㉚刑案推理解謎	小毛驢編譯	130元
㉛偵探常識推理	小毛驢編繹	130元

•健 康 天 地•電腦編號18

①壓力的預防與治療	柯素娥編譯	130元
②超科學氣的魔力	柯素娥編譯	130元
③尿療法治病的神奇	中尾良一著	130元
④鐵證如山的尿療法奇蹟	廖玉山譯	120元
⑤一日斷食健康法	葉慈容編譯	120元
⑥胃部強健法	陳炳崑譯	120元
⑦癌症早期檢查法	廖松濤譯	130元

⑧老人痴呆症防止法	柯素娥編譯	130元
⑨松葉汁健康飲料	陳麗芬編譯	130元

•超現實心理講座•電腦編號22

①超意識覺醒法	詹蔚芬編譯	130元
②護摩秘法與人生	劉名揚編譯	130元
③秘法！超級仙術入門	陸　明譯	150元

•心靈雅集•電腦編號00

①禪言佛語看人生	松濤弘道著	150元
②禪密教的奧秘	葉逯謙譯	120元
③觀音大法力	田口日勝著	120元
④觀音法力的大功德	田口日勝著	120元
⑤達摩禪106智慧	劉華亭編譯	150元
⑥有趣的佛教研究	葉逯謙編譯	120元
⑦夢的開運法	蕭京凌譯	130元
⑧禪學智慧	柯素娥編譯	130元
⑨女性佛教入門	許俐萍譯	110元
⑩佛像小百科	心靈雅集編譯組	130元
⑪佛教小百科趣談	心靈雅集編譯組	120元
⑫佛教小百科漫談	心靈雅集編譯組	150元
⑬佛教知識小百科	心靈雅集編譯組	150元
⑭佛學名言智慧	松濤弘道著	180元
⑮釋迦名言智慧	松濤弘道著	180元
⑯活人禪	平田精耕著	120元
⑰坐禪入門	柯素娥編譯	120元
⑱現代禪悟	柯素娥編譯	130元
⑲道元禪師語錄	心靈雅集編譯組	130元
⑳佛學經典指南	心靈雅集編譯組	130元
㉑何謂「生」　阿含經	心靈雅集編譯組	130元
㉒一切皆空　般若心經	心靈雅集編譯組	130元
㉓超越迷惘　法句經	心靈雅集編譯組	130元
㉔開拓宇宙觀　華嚴經	心靈雅集編譯組	130元
㉕真實之道　法華經	心靈雅集編譯組	130元
㉖自由自在　涅槃經	心靈雅集編譯組	130元
㉗沈默的教示　維摩經	心靈雅集編譯組	130元
㉘開通心眼　佛語佛戒	心靈雅集編譯組	130元
㉙揭秘寶庫　密教經典	心靈雅集編譯組	130元
㉚坐禪與養生	廖松濤譯	110元

㉛釋尊十戒	柯素娥編譯	120元
㉜佛法與神通	劉欣如編著	120元
㉝悟（正法眼藏的世界）	柯素娥編譯	120元
㉞只管打坐	劉欣如編譯	120元
㉟喬答摩・佛陀傳	劉欣如編著	120元
㊱唐玄奘留學記	劉欣如編譯	120元
㊲佛教的人生觀	劉欣如編譯	110元
㊳無門關（上卷）	心靈雅集編譯組	150元
㊴無門關（下卷）	心靈雅集編譯組	150元
㊵業的思想	劉欣如編著	130元
㊶		

•經 營 管 理•電腦編號01

◎創新經營管理六十六大計（精）	蔡弘文編	780元
①如何獲取生意情報	蘇燕謀譯	110元
②經濟常識問答	蘇燕謀譯	130元
③股票致富68秘訣	簡文祥譯	100元
④台灣商戰風雲錄	陳中雄著	120元
⑤推銷大王秘錄	原一平著	100元
⑥新創意・賺大錢	王家成譯	90元
⑦工廠管理新手法	琪　輝著	120元
⑧奇蹟推銷術	蘇燕謀譯	100元
⑨經營參謀	柯順隆譯	120元
⑩美國實業24小時	柯順隆譯	80元
⑪撼動人心的推銷法	原一平著	120元
⑫高竿經營法	蔡弘文編	120元
⑬如何掌握顧客	柯順隆譯	150元
⑭一等一賺錢策略	蔡弘文編	120元
⑮世界經濟戰爭	約翰・渥洛諾夫著	120元
⑯成功經營妙方	鐘文訓著	120元
⑰一流的管理	蔡弘文編	150元
⑱外國人看中韓經濟	劉華亭譯	150元
⑲企業不良幹部群相	琪輝編著	120元
⑳突破商場人際學	林振輝編著	90元
㉑無中生有術	琪輝編著	140元
㉒如何使女人打開錢包	林振輝編著	100元
㉓操縱上司術	邑井操著	90元
㉔小公司經營策略	王嘉誠著	100元
㉕成功的會議技巧	鐘文訓編譯	100元
㉖新時代老闆學	黃柏松編著	100元

㉗如何創造商場智囊團	林振輝編譯	150元
㉘十分鐘推銷術	林振輝編譯	120元
㉙五分鐘育才	黃柏松編譯	100元
㉚成功商場戰術	陸明編譯	100元
㉛商場談話技巧	劉華亭編譯	120元
㉜企業帝王學	鐘文訓譯	90元
㉝自我經濟學	廖松濤編譯	100元
㉞一流的經營	陶田生編著	120元
㉟女性職員管理術	王昭國編譯	120元
㊱ＩＢＭ的人事管理	鐘文訓編譯	150元
㊲現代電腦常識	王昭國編譯	150元
㊳電腦管理的危機	鐘文訓編譯	120元
㊴如何發揮廣告效果	王昭國編譯	150元
㊵最新管理技巧	王昭國編譯	150元
㊶一流推銷術	廖松濤編譯	120元
㊷包裝與促銷技巧	王昭國編譯	130元
㊸企業王國指揮塔	松下幸之助著	120元
㊹企業精銳兵團	松下幸之助著	120元
㊺企業人事管理	松下幸之助著	100元
㊻華僑經商致富術	廖松濤編譯	130元
㊼豐田式銷售技巧	廖松濤編譯	120元
㊽如何掌握銷售技巧	王昭國編著	130元
㊾一分鐘推銷員	廖松濤譯	90元
㊿洞燭機先的經營	鐘文訓編譯	150元
51ＩＢＭ成功商法	巴克・羅傑斯著	130元
52新世紀的服務業	鐘文訓編譯	100元
53成功的領導者	廖松濤編譯	120元
54女推銷員成功術	李玉瓊編譯	130元
55ＩＢＭ人才培育術	鐘文訓編譯	100元
56企業人自我突破法	黃琪輝編著	150元
57超級經理人	羅拔・海勒著	100元
58財富開發術	蔡弘文編著	130元
59成功的店舖設計	鐘文訓編著	150元
60靈巧者成功術	鐘文訓編譯	150元
61企管回春法	蔡弘文編著	130元
62小企業經營指南	鐘文訓編譯	100元
63商場致勝名言	鐘文訓編譯	150元
64迎接商業新時代	廖松濤編譯	100元
65透視日本企業管理	廖松濤　譯	100元
66新手股票投資入門	何朝乾　編	150元
67上揚股與下跌股	何朝乾編譯	150元

⑱股票速成學	何朝乾編譯	180元
⑲理財與股票投資策略	黃俊豪編著	180元
⑳黃金投資策略	黃俊豪編著	180元
㉑厚黑管理學	廖松濤編譯	180元
㉒股市致勝格言	呂梅莎編譯	180元
㉓透視西武集團	林谷燁編譯	150元
㉔推銷改變我的一生	柯素娥 譯	120元
㉕推銷始於被拒	盧媚璟 譯	120元
㉖巡迴行銷術	陳蒼杰譯	150元
㉗推銷的魔術	王嘉誠譯	120元
㉘60秒指導部屬	周蓮芬編譯	150元
㉙精銳女推銷員特訓	李玉瓊編譯	130元
㉚企劃、提案、報告圖表的技巧	鄭 汶 譯	180元
㉛海外不動產投資	許達守編譯	150元
㉜八百伴的世界策略	李玉瓊譯	150元
㉝服務業品質管理	吳宜芬譯	180元
㉞零庫存銷售	黃東謙編譯	150元
㉟三分鐘推銷管理	劉名揚編譯	150元
㊱推銷大王奮鬥史	原一平著	150元
㊲豐田汽車的生產管理	林谷燁編譯	元

•成功寶庫• 電腦編號02

①上班族交際術	江森滋著	100元
②拍馬屁訣竅	廖玉山編譯	110元
③一分鐘適應法	林曉陽譯	90元
④聽話的藝術	歐陽輝編譯	110元
⑤人心透視術	多湖輝著	100元
⑥克服逆境的智慧	廖松濤 譯	100元
⑦不可思議的人性心理	多湖輝 著	120元
⑧成功的人生哲學	劉明和 譯	120元
⑨求職轉業成功術	陳 義編著	110元
⑩上班族禮儀	廖玉山編著	120元
⑪接近心理學	李玉瓊編著	100元
⑫創造自信的新人生	廖松濤編著	120元
⑬卡耐基的人生指南	林曉鐘編譯	120元
⑭上班族如何出人頭地	廖松濤編著	100元
⑮神奇瞬間瞑想法	廖松濤編譯	100元
⑯人生成功之鑰	楊意苓編著	150元
⑰當一個享受成功的人	戴恆雄編著	100元
⑱潛在心理術	多湖輝 著	100元

⑲給企業人的諍言	鐘文訓編著	120元
⑳企業家自律訓練法	陳　義編譯	100元
㉑上班族妖怪學	廖松濤編著	100元
㉒猶太人縱橫世界的奇蹟	孟佑政編著	110元
㉓訪問推銷術	黃靜香編著	130元
㉔改運的秘訣	吳秀美　譯	120元
㉕你是上班族中強者	嚴思圖編著	100元
㉖向失敗挑戰	黃靜香編著	100元
㉗成功心理學	陳蒼杰　譯	100元
㉘墨菲成功定律	吳秀美　譯	130元
㉙機智應對術	李玉瓊編著	130元
㉚成功頓悟100則	蕭京凌編譯	130元
㉛掌握好運100則	蕭京凌編譯	110元
㉜知性幽默	李玉瓊編譯	130元
㉝熟記對方絕招	黃靜香編譯	100元
㉞男性成功秘訣	陳蒼杰編譯	130元
㉟超越巔峯者	C・加菲爾德著	130元
㊱業務員成功秘方	李玉瓊編著	120元
㊲察言觀色的技巧	劉華亭編著	130元
㊳一流領導力	施義彥編譯	120元
㊴一流說服力	李玉瓊編著	130元
㊵30秒鐘推銷術	廖松濤編譯	120元
㊶猶太成功商法	周蓮芬編譯	120元
㊷尖端時代行銷策略	陳蒼杰編著	100元
㊸顧客管理學	廖松濤編著	100元
㊹如何使對方說Yes	程　義編著	150元
㊺如何提高工作效率	劉華亭編著	150元
㊻企業戰術必勝法	黃靜香編著	130元
㊼上班族口才學	楊鴻儒譯	120元
㊽上班族新鮮人須知	程　羲編著	120元
㊾如何左右逢源	程　羲編著	130元
㊿語言的心理戰	多湖輝著	130元
51扣人心弦演說術	劉名揚編著	120元
52八面玲瓏成功術	陳　羲譯	130元
53如何增進記憶力、集中力	廖松濤譯	130元
54頂尖領導人物	陳蒼杰譯	120元
55性惡企業管理學	陳蒼杰譯	130元
56自我啟發200招	楊鴻儒編著	150元
57做個傑出女職員	劉名揚編著	130元
58靈活的集團營運術	楊鴻儒編著	120元
59必勝交涉強化法	陳蒼杰譯	120元

⑥⓪個案研究活用法	楊鴻儒編著	130元
⑥①企業教育訓練遊戲	楊鴻儒編著	120元
⑥②管理者的智慧	程　義編譯	130元
⑥③做個佼佼管理者	馬筱莉編譯	130元
⑥④智慧型說話技巧	沈永嘉編譯	130元
⑥⑤歌德人生箴言	沈永嘉編譯	150元
⑥⑥活用佛學於經營	松濤弘道著	150元
⑥⑦活用禪學於企業	柯素娥編譯	130元
⑥⑧詭辯的智慧	沈永嘉編譯	130元
⑥⑨幽默詭辯術	廖玉山編譯	130元
⑦⓪拿破崙智慧箴言	柯素娥編譯	130元
⑦①自我培育・超越	蕭京凌編譯	150元
⑦②深層心理術	多湖輝著	130元
⑦③深層語言術	多湖輝著	130元
⑦④時間即一切	沈永嘉編譯	130元
⑦⑤自我脫胎換骨	柯素娥譯	150元
⑦⑥贏在起跑點—人才培育鐵則	楊鴻儒編譯	150元
⑦⑦做一枚活棋	李玉瓊編譯	130元
⑦⑧面試成功戰略	柯素娥編譯	130元
⑦⑨自我介紹與社交禮儀	柯素娥編譯	130元
⑧⓪說NO的技巧	廖玉山編譯	130元
⑧①瞬間攻破心防法	廖玉山編譯	120元
⑧②改變一生的名言	李玉瓊編譯	130元
⑧③性格性向創前程	楊鴻儒編譯	130元
⑧④訪問行銷新竅門	廖玉山編譯	150元
⑧⑤無所不達的推銷話術	李玉瓊編譯	150元

・處世智慧・ 電腦編號03

①如何改變你自己	陸明編譯	90元
②人性心理陷阱	多湖輝著	90元
③面對面的心理戰術	多湖輝著	90元
④幽默說話術	林振輝編譯	120元
⑤讀書36計	黃柏松編譯	110元
⑥靈感成功術	譚繼山編譯	80元
⑦如何使人對你好感	張文志譯	110元
⑧扭轉一生的五分鐘	黃柏松編譯	100元
⑨知人、知面、知其心	林振輝譯	110元
⑩現代人的詭計	林振輝譯	100元
⑪怎樣突破人性弱點	摩　根著	90元
⑫如何利用你的時間	蘇遠謀譯	80元

⑬口才必勝術	黃柏松編譯	120元
⑭女性的智慧	譚繼山編譯	90元
⑮如何突破孤獨	張文志編譯	80元
⑯人生的體驗	陸明編譯	80元
⑰微笑社交術	張芳明譯	90元
⑱幽默吹牛術	金子登著	90元
⑲攻心說服術	多湖輝著	100元
⑳當機立斷	陸明編譯	70元
㉑勝利者的戰略	宋恩臨編譯	80元
㉒如何交朋友	安紀芳編著	70元
㉓鬥智奇謀（諸葛孔明兵法）	陳炳崑著	70元
㉔慧心良言	亦　奇著	80元
㉕名家慧語	蔡逸鴻主編	90元
㉖金色的人生	皮爾著	80元
㉗稱霸者啟示金言	黃柏松編譯	90元
㉘如何發揮你的潛能	陸明編譯	90元
㉙女人身態語言學	李常傳譯	100元
㉚摸透女人心	張文志譯	90元
㉛現代戀愛秘訣	王家成譯	70元
㉜給女人的悄悄話	妮倩編譯	90元
㉝行為語言的奧秘	歆夫編譯	110元
㉞如何開拓快樂人生	陸明編譯	90元
㉟驚人時間活用法	鐘文訓譯	80元
㊱成功的捷徑	鐘文訓譯	70元
㊲幽默逗笑術	林振輝著	120元
㊳活用血型讀書法	陳炳崑譯	80元
㊴心　燈	葉于模著	100元
㊵當心受騙	林顯茂譯	90元
㊶心・體・命運	蘇燕謀譯	70元
㊷如何使頭腦更敏銳	陸明編譯	70元
㊸宮本武藏五輪書金言錄	宮本武藏著	100元
㊹厚黑說服術	多湖輝著	90元
㊺勇者的智慧	黃柏松編譯	80元
㊻善意的心理騙術	多湖輝著	75元
㊼成熟的愛	林振輝譯	120元
㊽現代女性駕馭術	蔡德華著	90元
㊾禁忌遊戲	酒井潔著	90元
㊿自我表現術	多湖輝著	100元
51女性的魅力・年齡	廖玉山譯	90元
52摸透男人心	劉華亭編譯	80元
53如何達成願望	謝世輝著	90元

㊹創造奇蹟的「想念法」	謝世輝著	90元
㊺創造成功奇蹟	謝世輝著	90元
㊻男女幽默趣典	劉華亭譯	90元
㊼幻想與成功	廖松濤譯	80元
㊽反派角色的啟示	廖松濤編譯	70元
㊾現代女性須知	劉華亭編著	75元
㊿一分鐘記憶術	廖玉山譯	90元
61機智說話術	劉華亭編譯	100元
62如何突破內向	姜倩怡編譯	110元
63扭轉自我的信念	黃　翔編譯	100元
64讀心術入門	王家成編譯	100元
65如何解除內心壓力	林美羽編著	110元
66取信於人的技巧	多湖輝著	110元
67如何培養堅強的自我	林美羽編著	90元
68自我能力的開拓	卓一凡編著	110元
69求職的藝術	吳秀美編譯	100元
70縱橫交涉術	嚴思圖編著	90元
71如何培養妳的魅力	劉文珊編著	90元
72魅力的力量	姜倩怡編著	90元
73金錢心理學	多湖輝著	100元
74語言的圈套	多湖輝著	110元
75個性膽怯者的成功術	廖松濤編譯	100元
76人性的光輝	文可式編著	90元
77如何建立自信心	諾曼・比爾著	90元
78驚人的速讀術	鐘文訓編譯	90元
79培養靈敏頭腦秘訣	廖玉山編著	90元
80夜晚心理術	鄭秀美編譯	80元
81如何做個成熟的女性	李玉瓊編著	80元
82現代女性成功術	劉文珊編著	90元
83成功說話技巧	梁惠珠編譯	100元
84人生的真諦	鐘文訓編譯	100元
85妳是人見人愛的女孩	廖松濤編著	120元
86精神緊張速解法	F・查爾斯著	90元
87指尖・頭腦體操	蕭京凌編譯	90元
88電話應對禮儀	蕭京凌編著	90元
89自我表現的威力	廖松濤編譯	100元
90名人名語啟示錄	喬家楓編著	100元
91男與女的哲思	程鐘梅編譯	110元
92靈思慧語	牧　風著	110元
93心靈夜語	牧　風著	100元
94激盪腦力訓練	廖松濤編譯	100元

⑮三分鐘頭腦活性法　廖玉山編譯　110元
⑯星期一的智慧　廖玉山編譯　100元
⑰溝通說服術　賴文琇編譯　100元
⑱超速讀超記憶法　廖松濤編譯　120元

•健康與美容•電腦編號04

①B型肝炎預防與治療　曾慧琪譯　130元
②胃部強健法　陳炳崑譯　90元
③媚酒傳（中國王朝秘酒）　陸明主編　120元
④藥酒與健康果菜汁　成玉主編　150元
⑤中國回春健康術　蔡一藩著　100元
⑥奇蹟的斷食療法　蘇燕謀譯　110元
⑦中國內功健康法　張惠珠著　100元
⑧健美食物法　陳炳崑譯　120元
⑨驚異的漢方療法　唐龍編著　90元
⑩不老強精食　唐龍編著　100元
⑪經脈美容法　月乃桂子著　90元
⑫五分鐘跳繩健身法　蘇明達譯　100元
⑬睡眠健康法　王家成譯　80元
⑭你就是名醫　張芳明譯　90元
⑮如何保護你的眼睛　蘇燕謀譯　70元
⑯自我指壓術　今井義晴著　120元
⑰室內身體鍛鍊法　陳炳崑譯　100元
⑱飲酒健康法　J•亞當姆斯著　100元
⑲釋迦長壽健康法　譚繼山譯　90元
⑳腳部按摩健康法　譚繼山譯　120元
㉑自律健康法　蘇明達譯　90元
㉒最新瑜伽自習　蘇燕謀譯　180元
㉓身心保健座右銘　張仁福著　160元
㉔腦中風家庭看護與運動治療　林振輝譯　100元
㉕秘傳醫學人相術　成玉主編　120元
㉖導引術入門(1)治療慢性病　成玉主編　110元
㉗導引術入門(2)健康•美容　成玉主編　110元
㉘導引術入門(3)身心健康法　成玉主編　110元
㉙妙用靈藥•蘆薈　李常傳譯　90元
㉚萬病回春百科　吳通華著　150元
㉛初次懷孕的10個月　成玉編譯　100元
㉜中國秘傳氣功治百病　陳炳崑編譯　130元
㉝蘆薈治萬病　李常傳譯　<售缺>
㉞仙人成仙術　陸明編譯　100元

㉟仙人長生不老學	陸明編譯	100元
㊱釋迦秘傳米粒刺激法	鐘文訓譯	120元
㊲痔・治療與預防	陸明編譯	130元
㊳自我防身絕技	陳炳崑編譯	120元
㊴運動不足時疲勞消除法	廖松濤譯	110元
㊵三溫暖健康法	鐘文訓編譯	90元
•㊶癌症早期檢查法	廖松濤譯	120元
㊷維他命C新效果	鐘文訓譯	90元
㊸維他命與健康	鐘文訓譯	120元
•㊹秘法！超級仙術入門	陸明編譯	100元
㊺森林浴—綠的健康法	劉華亭編譯	80元
㊻四季色彩美容學	吳秀美譯	120元
㊼導引術入門(4)酒浴健康法	成玉主編	90元
㊽導引術入門(5)不老回春法	成玉主編	90元
㊾山白竹（劍竹）健康法	鐘文訓譯	90元
㊿解救你的心臟	鐘文訓編譯	100元
(51)牙齒保健法	廖玉山譯	90元
(52)超人氣功法	陸明編譯	110元
(53)超能力秘密開發法	廖松濤譯	80元
(54)借力的奇蹟(1)	力拔山著	100元
(55)借力的奇蹟(2)	力拔山著	100元
(56)五分鐘小睡健康法	呂添發撰	100元
(57)禿髮、白髮預防與治療	陳炳崑撰	100元
(58)吃出健康藥膳	劉大器著	100元
(59)艾草健康法	張汝明編譯	90元
(60)一分鐘健康診斷	蕭京凌編譯	90元
(61)念術入門	黃静香編譯	90元
(62)念術健康法	黃静香編譯	90元
(63)健身回春法	梁惠珠編譯	100元
(64)姿勢養生法	黃秀娟編譯	90元
(65)仙人瞑想法	鐘文訓譯	120元
(66)人蔘的神效	林慶旺譯	100元
(67)奇穴治百病	吳通華著	120元
(68)中國傳統健康法	靳海東著	100元
(69)下半身減肥法	納他夏・史達賓著	110元
(70)使妳的肌膚更亮麗	楊　皓編譯	100元
(71)酵素健康法	楊　皓編譯	120元
(72)做一個快樂的病人	吳秀美譯	100元
(73)腰痛預防與治療	五味雅吉著	100元
(74)如何預防心臟病・腦中風	譚定長等著	100元
(75)少女的生理秘密	蕭京凌譯	120元

⑯頭部按摩與針灸	楊鴻儒譯	100元
⑰雙極療術入門	林聖道著	100元
⑱氣功自療法	梁景蓮著	100元
⑲大蒜健康法	李玉瓊編譯	100元
⑳紅蘿蔔汁斷食療法	李玉瓊譯	100元
㉑健胸美容秘訣	黃靜香譯	100元
㉒鍺奇蹟療效	林宏儒譯	120元
㉓三分鐘健身運動	廖玉山譯	120元
㉔尿療法的奇蹟	廖玉山譯	120元
㉕神奇的聚積療法	廖玉山譯	120元
㉖預防運動傷害伸展體操	楊鴻儒編譯	120元
㉗糖尿病預防與治療	石莉涓譯	150元
㉘五日就能改變你	柯素娥譯	110元
㉙三分鐘氣功健康法	陳美華譯	120元
㉚痛風劇痛消除法	余昇凌譯	120元
㉛道家氣功術	早島正雄著	130元
㉜氣功減肥術	早島正雄著	120元
㉝超能力氣功法	柯素娥譯	130元
㉞氣的瞑想法	早島正雄著	120元

•家庭／生活•電腦編號05

①單身女郎生活經驗談	廖玉山編著	100元
②血型•人際關係	黃靜編著	120元
③血型•妻子	黃靜編著	110元
④血型•丈夫	廖玉山編譯	130元
⑤血型•升學考試	沈永嘉編譯	120元
⑥血型•臉型•愛情	鐘文訓編譯	120元
⑦現代社交須知	廖松濤編譯	100元
⑧簡易家庭按摩	鐘文訓編譯	150元
⑨圖解家庭看護	廖玉山編譯	120元
⑩生男育女隨心所欲	岡正基編著	120元
⑪家庭急救治療法	鐘文訓編著	100元
⑫新孕婦體操	林曉鐘譯	120元
⑬從食物改變個性	廖玉山編譯	100元
⑭職業婦女的衣著	吳秀美編譯	120元
⑮成功的穿著	吳秀美編譯	120元
⑯現代人的婚姻危機	黃　靜編著	90元
⑰親子遊戲　0歲	林慶旺編譯	100元
⑱親子遊戲　1～2歲	林慶旺編譯	110元
⑲親子遊戲　3歲	林慶旺編譯	100元

⑳女性醫學新知	林曉鐘編譯	130元
㉑媽媽與嬰兒	張汝明編譯	150元
㉒生活智慧百科	黃　靜編譯	100元
㉓手相・健康・你	林曉鐘編譯	120元
㉔菜食與健康	張汝明編譯	110元
㉕家庭素食料理	陳東達著	100元
㉖性能力活用秘法	米開・尼里著	130元
㉗兩性之間	林慶旺編譯	120元
㉘性感經穴健康法	蕭京凌編譯	110元
㉙幼兒推拿健康法	蕭京凌編譯	100元
㉚談中國料理	丁秀山編著	100元
㉛舌技入門	增田豐　著	130元
㉜預防癌症的飲食法	黃靜香編譯	120元
㉝性與健康寶典	黃靜香編譯	180元
㉞正確避孕法	蕭京凌編譯	130元
㉟吃的更漂亮美容食譜	楊萬里著	120元
㊱圖解交際舞速成	鐘文訓編譯	150元
㊲觀相導引術	沈永嘉譯	130元
㊳初為人母12個月	陳義譯	130元
㊴圖解麻將入門	顧安行編譯	130元
㊵麻將必勝秘訣	石利夫編譯	130元
㊶女性一生與漢方	蕭京凌編譯	100元
㊷家電的使用與修護	鐘文訓編譯	130元
㊸錯誤的家庭醫療法	鐘文訓編譯	100元
㊹簡易防身術	陳慧珍編譯	130元
㊺茶健康法	鐘文訓編譯	130元
㊻如何與子女談性	黃靜香譯	100元
㊼生活的藝術	沈永嘉編著	120元
㊽雜草雜果健康法	沈永嘉編著	120元
㊾如何選擇理想妻子	荒谷慈著	110元
㊿如何選擇理想丈夫	荒谷慈著	110元
51中國食與性的智慧	根本光人著	150元
52開運法話	陳宏男譯	100元
53禪語經典＜上＞	平田精耕著	150元
54禪語經典＜下＞	平田精耕著	150元
55手掌按摩健康法	鐘文訓譯	150元
56脚底按摩健康法	鐘文訓譯	150元
57仙道運氣健身法	高藤聰一郎著	150元
58健心、健體呼吸法	蕭京凌譯	120元
59自彊術入門	蕭京凌譯	120元
60指技入門	增田豐著	130元

⑥①下半身鍛鍊法	增田豐著	150元
⑥②表象式學舞法	黃靜香編譯	180元
⑥③圖解家庭瑜伽	鐘文訓譯	130元
⑥④食物治療寶典	黃靜香編譯	130元
⑥⑤智障兒保育入門	楊鴻儒譯	130元
⑥⑥自閉兒童指導入門	楊鴻儒譯	150元
⑥⑦乳癌發現與治療	黃靜香譯	130元
⑥⑧盆栽培養與欣賞	廖啟新編譯	150元
⑥⑨世界手語入門	蕭京凌編譯	150元
⑦⓪賽馬必勝法	李錦雀編譯	200元
⑦①中藥健康粥	蕭京凌編譯	120元
⑦②健康食品指南	劉文珊編譯	130元
⑦③健康長壽飲食法	鐘文訓編譯	150元
⑦④夜生活規則	增田豐著	120元
⑦⑤自製家庭食品	鐘文訓編譯	180元
⑦⑥仙道帝王招財術	廖玉山譯	130元
⑦⑦「氣」的蓄財術	劉名揚譯	130元
⑦⑧佛教健康法入門	劉名揚譯	130元
⑦⑨男女健康醫學	郭汝蘭譯	150元
⑧⓪成功的果樹培育法	張煌編譯	130元
⑧①實用家庭菜園	孔翔儀編譯	130元
⑧②氣與中國飲食法	柯素娥編譯	130元
⑧③世界生活趣譚	林其英著	160元
⑧④胎教二八〇天	鄭淑美譯	元

•命理與預言•電腦編號06

①星座算命術	張文志譯	120元
②九星術（中國正統占卜術）	水雲居士編著	80元
③圖解命運學	陸明編著	100元
④中國秘傳面相術	陳炳崑編著	110元
⑤輪迴法則（生命轉生的秘密）	五島勉著	80元
⑥命名彙典	水雲居士編著	100元
⑦簡明紫微斗術命運學	唐龍編著	130元
⑧住宅風水吉凶判斷法	琪輝編譯	120元
⑨鬼谷算命秘術	鬼谷子著	120元
⑩中國算命占星學	陸明編譯	120元
⑪命運週期律	五島勉著	55元
⑫簡明四柱推命學	李常傳編譯	150元
⑬性占星術	柯順隆編譯	80元
⑭十二支命相學	王家成譯	80元

⑮啟示錄中的世界末日	蘇燕謀編譯	80元
⑯簡明易占學	黃小娥著	100元
⑰指紋算命學	邱夢蕾譯	90元
⑱樸克牌占卜入門	王家成譯	100元
⑲Ａ血型與十二生肖	鄒雲英編譯	90元
⑳Ｂ血型與十二生肖	鄒雲英編譯	90元
㉑Ｏ血型與十二生肖	鄒雲英編譯	100元
㉒ＡＢ血型與十二生肖	鄒雲英編譯	90元
㉓筆跡占卜學	周子敬著	120元
㉔神秘消失的人類	林達中譯	80元
㉕世界之謎與怪談	陳炳崑譯	80元
㉖符咒術入門	柳玉山人編	100元
㉗神奇的白符咒	柳玉山人編	120元
㉘神奇的紫符咒	柳玉山人編	120元
㉙因果報應法則	李常傳譯	90元
㉚中國式面相學入門	蕭京凌編著	90元
㉛改變命運的手相術	鐘文訓編著	120元
㉜黃帝手相占術	鮑黎明著	130元
㉝惡魔的咒法	杜美芳譯	150元
㉞脚相開運術	王瑞禎譯	130元
㉟面相開運術	許麗玲譯	150元
㊱房屋風水與運勢	邱震睿編譯	130元
㊲商店風水與運勢	邱震睿編譯	130元
㊳諸葛流天文遁甲	巫立華譯	150元
㊴聖帝五龍占術	廖玉山譯	180元
㊵萬能神算	張助馨編著	120元
㊶神祕的前世占卜	劉名揚譯	150元
㊷諸葛流奇門遁甲	巫立華譯	150元
㊸諸葛流四柱推命	巫立華譯	180元

•教養特輯• 電腦編號07

①管教子女絕招	多湖輝著	70元
②正確性知識（美國中學副課本）	徐道政譯	80元
③中學生的大秘密	林顯茂譯	85元
④小論文寫作秘訣	林顯茂譯	75元
⑤如何教育幼兒	林振輝譯	80元
⑥看圖學英文	陳炳崑編著	90元
⑦關心孩子的眼睛	陸明編	70元
⑧如何生育優秀下一代	邱夢蕾編著	100元
⑨父母如何與子女相處	安紀芳編譯	80元

⑩現代育兒指南	劉華亭編譯	90元
⑪父母離婚你該怎麼辦	吳秀美譯	80元
⑫如何培養自立的下一代	黃靜香編譯	80元
⑬使用雙手增強腦力	沈永嘉編譯	70元
⑭教養孩子的母親暗示法	多湖輝著	90元
⑮奇蹟教養法	鐘文訓編譯	90元
⑯慈父嚴母的時代	多湖輝著	90元
⑰如何發現問題兒童的才智	林慶旺譯	100元
⑱再見！夜尿症	黃靜香編譯	90元
⑲育兒新智慧	黃靜編譯	90元
⑳長子培育術	劉華亭編譯	80元
㉑親子運動遊戲	蕭京凌編譯	90元
㉒一分鐘刺激會話法	鐘文訓編著	90元
㉓啟發孩子讀書的興趣	李玉瓊編著	100元
㉔如何使孩子更聰明	黃靜編著	100元
㉕３・４歲育兒寶典	黃靜香編譯	100元
㉖一對一教育法	林振輝編譯	100元
㉗母親的七大過失	鐘文訓編譯	100元
㉘幼兒才能開發測驗	蕭京凌編譯	100元
㉙教養孩子的智慧之眼	黃靜香編譯	100元
㉚如何創造天才兒童	林振輝編譯	90元
㉛如何使孩子數學滿點	林明嬋編著	100元

•消遣特輯• 電腦編號08

①小動物飼養秘訣	徐道政譯	120元
②狗的飼養與訓練	張文志譯	100元
③四季釣魚法	釣朋會編	120元
④鴿的飼養與訓練	林振輝譯	120元
⑤金魚飼養法	鐘文訓編譯	130元
⑥熱帶魚飼養法	鐘文訓編譯	180元
⑦有趣的科學（動腦時間）	蘇燕謀譯	70元
⑧妙事多多	金家驊編譯	80元
⑨有趣的性知識	蘇燕謀編譯	100元
⑩圖解攝影技巧	譚繼山編譯	220元
⑪100種小鳥養育法	譚繼山編譯	200元
⑫樸克牌遊戲與贏牌秘訣	林振輝編譯	120元
⑬遊戲與餘興節目	廖松濤編著	100元
⑭樸克牌魔術・算命・遊戲	林振輝編譯	100元
⑮極地探險之謎	林振輝編譯	<售缺>
⑯世界怪動物之謎	王家成譯	90元

國立中央圖書館出版品預行編目資料

偽裝心理術／多湖輝著；林振輝譯 --初版
--臺北市：大展，民82
面； 公分 --（實用心理學講座；4）
譯自：欺しの心理術
ISBN 957-557-414-1（平裝）

1. 應用心理學

177 82008849

本書原書名：欺しの心理術
著　　　者：多湖 輝
發　行　所：株式會社ごま書房

版權代理／宏儒企業有限公司

偽裝心理術

ISBN 957-557-414-1

原著者／多湖　輝
編譯者／林　振　輝
發行人／蔡　森　明
出版者／大展出版社有限公司
社　址／台北市北投區（石牌）
致遠一路二段12巷1號
電　話／（02）8236031・8236033
傳　眞／（02）8272069
郵政劃撥／0166955－1
登記證／局版臺業字第2171號

法律顧問／劉　鈞　男　律師
承印者／國順圖書印刷公司
電　話／（02）9677226
排版者／千賓電腦打字有限公司
電　話／（02）8836052
初　版／1993年（民82年）12月

定　價／140元

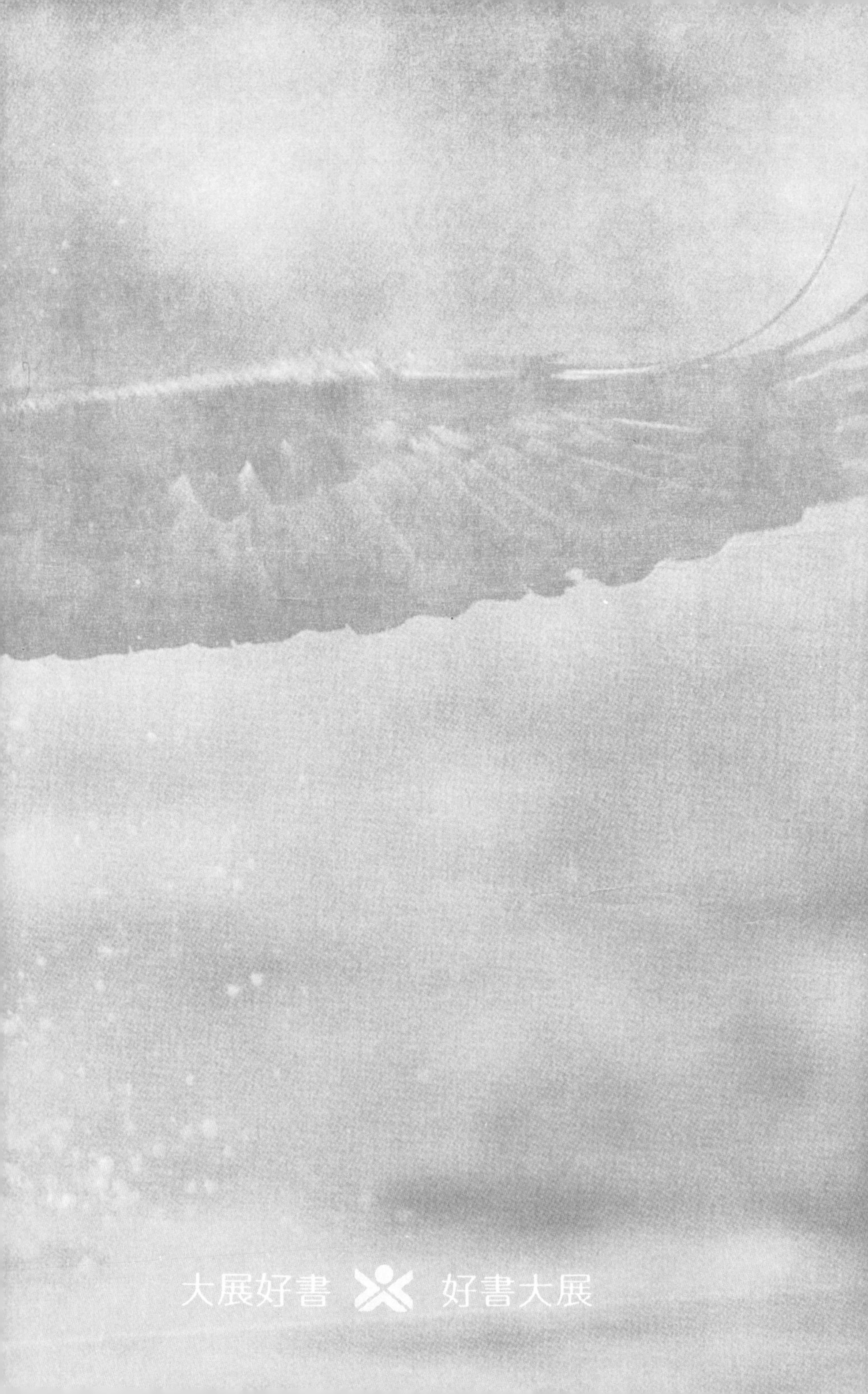
大展好書 好書大展

大展好書 好書大展